新三板

上市操作实务

规则 + 流程 + 策略 + 案例

陈 伟　郭春光 / 著

新三板2.0时代下的运营管理，用合理的治理方式凸显
企业价值，借资本裂变的方式实现企业腾飞。

经济管理出版社
ECONOMY & MANAGEMENT PUBLISHING HOUSE

图书在版编目（CIP）数据

新三板上市操作实务：规则＋流程＋策略＋案例/陈伟，郭春光著.—北京：经济管理出版社，
2016.9
ISBN 978-7-5096-4482-9

Ⅰ.①新… Ⅱ.①陈… ②郭… Ⅲ.①中小企业—企业融资—研究 Ⅳ.①F276.3

中国版本图书馆CIP数据核字（2016）第153251号

组稿编辑：勇　生
责任编辑：勇　生　王　聪
责任印制：黄章平
责任校对：王　淼

出版发行：经济管理出版社
　　　　　（北京市海淀区北蜂窝8号中雅大厦A座11层　100038）
网　　址：www.E-mp.com.cn
电　　话：（010）51915602
印　　刷：三河市延风印装有限公司
经　　销：新华书店
开　　本：720mm×1000mm/16
印　　张：17
字　　数：262千字
版　　次：2016年10月第1版　2016年10月第1次印刷
书　　号：ISBN 978-7-5096-4482-9
定　　价：48.00元

序一

在构建多层次资本市场过程中，新三板承载着国家金融改革的重要内容，尤其是在战略新兴板推出延后及新三板分层实施之际。

新三板制度给中小微企业发展带来了巨大的制度红利。此前，一方面，中小微企业由于体量较小、创新型业务模式等，在债权融资方面空间极小；另一方面，中国股权投资追逐企业上市后的资本差价，而IPO的高标准导致资本流入中小微企业障碍重重。新三板制度推出，为中小微企业成为公众公司及便利融资提供了捷径，大量投资机构重金下注新三板企业，产生了巨大的财富效应，甚至超过"神创板"，新三板壳交易出现水涨船高局面。

新三板制度仍在进一步优化，"十三五"规划明确推动新三板改革，新三板分层在即，放开公募基金投资新三板，储架发行、混合交易等创新制度正在酝酿，新三板市场制度完善将迎来关键节点。新三板成为中国的纳斯达克并非不可能。

挂牌新三板及后续资本运作是复杂的系统工作，随着新三板挂牌难度逐渐增加及挂牌企业明显分化，中小微企业需要对新三板挂牌重点问题、申报挂牌程序、融资及股票转让等事项做足功课，避免陷入误区。

对于有意挂牌新三板的企业，本书是很好的指导用书，也是很好的工具书。本书从法律的角度解析了小微企业挂牌新三板的意义，挂牌新三板的必备条件，登陆新三板的流程，挂牌新三板与主板上市的区别，挂牌企业用什么方法和方式来募集资金，分层制度等。列举了企业在挂牌新三板时所遇到的各种常见问题，介绍了国外新三板市场的现状，以及国内新三板的炒作与发展。

实业经营者通常关注企业发展，而对资本市场较为陌生。本书作者力求深入浅出，每涉及一条制度，都用具体的案例来佐证，并且每一节都节选了一个代表性的经典案例。

新三板的发展壮大将成为资本市场改革的重要环节。本书希望启发中小微企业把握历史机遇，将企业做大做强，并践行"大众创新、万众创业"理念，成为经济结构转型的践行者和见证者。

本书幕后团队是一个精英投行团队，具有丰富的新三板资本运作经验，他们立志于为有远见的企业家做大做强贡献自己的力量。在风起云涌的中国资本市场实战中，他们会集会诸多投行精英、律师、会计师、评估师组成精干团队，业务技能和创新能力日益精进，但资本运作如果总是采用固定的套路必将捉襟见肘，要想在新三板市场里长袖善舞，唯有博采众长，将众多理论与实践技巧综合运用，寻找最适合自己的解决方案。运用之妙，存乎一心，寻找科学与艺术的完美结合，是该团队的极致追求。

中植资本董事、总经理　宋浩

2016 年 5 月 1 日于北京

序二

　　本人和陈伟先生已经相识多年，这位年轻的"80后"曾经是北京大学最年轻的院长助理，他睿智、博学、慎思，是知名的经济学者，在经济领域有独到、深邃的见解。新三板如今是如火如荼，全民关注，特别是有远见的中小微企业家们，他们紧跟时代潮流，学习或了解相关的国家和地方政策，不断地解放思想，为企业进一步发展运筹帷幄。

　　新三板是由中国证监会、科技部发起和组织，并经国务院批准设立的，于2006年1月23日设立，股票代码为430开头。新三板市场特指中关村科技园区非上市股份有限公司进入代办股份系统进行转让试点，因为挂牌企业均为高科技企业而不同于原转让系统内的退市企业及原STAQ、NET系统挂牌公司，故形象地称为"新三板"。如今的新三板挂牌企业已经放开，不仅仅是高科技企业，只要不是国家禁止挂牌、限制挂牌的企业，不是不符合国家产业政策的企业，理论上都可以挂牌。新三板的设立，有助于中国形成主板、创业板和新三板（场外交易市场）等多层次资本市场发展的需要，业内预见，新三板就是我国未来的OTC市场，是中国未来的纳斯达克市场。实际上，对于中小微企业而言，挂牌新三板是一个极好的机会。众所周知，中小微民营企业最短缺资金，然而银行不会因为中小微企业缺少资金而直接提供资金帮助，银行对借款人的审核是相当严格的，多数中小微企业无法取得需要的资金支持，进而无法扩大规模。但企业挂牌后就是公众公司，经过治理后的企业规范经营，财务透明公开，主营业务突出，会吸引一些投资者投资，资金问题往往可以解决。当然，投资带来的不仅仅是资金，还有管理、理念、市场……企业知名度不高，又不能用巨额广告费宣传企业，实际上，挂牌新三板就是最好的宣传！当然，新三板的好处远不止这些，弊端也会有，本书会告诉您。

在这里不得不提一下战略新兴板。2015 年 6 月中旬，国务院印发《关于大力推进大众创业万众创新若干政策措施的意见》指出，推动在上海证券交易所建立战略新兴产业板，不久，国务院再次提出战略新兴板，要求证监会和上交所加快落实。战略新兴板的基本定位是战略性企业、创新型企业和主板市场互通发展，希望通过该板块的重新定位以及上市标准的变化来拓宽资本市场的覆盖面。战略新兴板的地位，实际上在整个资本市场建设中低于主板，高于创业板，在本人看来，战略新兴板对新三板是极大的挑战，也让资本市场显得混乱。但是，2016 年 3 月 14 日全国人大四次会议对《"十三五"规划纲要（草案）》的修订中，删除了"设立战略性产业新兴板"的内容。也就是说，在目前的资本市场领域，新三板的地位仍然是突出的，其设立的初衷、作用没有被撼动，仍然是中小微企业进入资本市场的最主要出路，和主板、创业板形成了三足鼎立的局面，满足了我国目前资本市场多层次发展的需求，新三板成为中国的纳斯达克不是梦想！

本书是陈伟先生对新三板辛勤的研究成果，智慧的结晶，高屋建瓴！本书对中小微企业为何挂牌新三板、如何挂牌新三板以及挂牌新三板的意义都进行了论述和系统的说明，理论性兼具实战性。从一名执业律师的角度，本人认为的确是一本好书，值得一读，希望给读者带来帮助！谢谢！

北京大成律师事务所合伙人　苗全军

2016 年 5 月 2 日

前　言

　　中小企业的发展，多年来一直是困扰国家的一大问题，而中小企业又是国家经济发展中不可或缺的后备力量，因为很多如今的大型企业，均是从最初的中小企业发展而来。

　　随着改革开放的进一步深入，中小企业融资的问题越来越凸显出来，北京中关村科技园区非上市股份有限公司进入代办股份系统试点，标志着以科技为主的中小企业开始了借助资本市场大力发展的尝试；其后，这一试点又进一步扩大到了天津滨海、武汉东湖以及上海张江等试点地；再后来，又扩大到了全国，有了全国中小企业股份转让系统，形成了中国资本市场上不可缺少的场外市场。

　　新三板的目的也进一步明确，主要针对的就是中小微型企业。

　　应当说，新三板市场的出现，很大程度上解决了中国中小微型企业的生存问题，尽管新三板挂牌企业的质地有些良莠不齐，但分层制度的出台，很好地解决了这一问题。

　　尽管，新三板市场在国内出现的时间不长，但却得到了众多非上市的中小微型企业的夹道欢迎，众多企业争先恐后挂牌，以借助资本市场的力量，为企业插上腾飞的翅膀。因为事实上，尽管新三板市场出现的时间短，但同样有不少企业，通过新三板市场实现了梦想，企业规模在不断扩大的同时，也实现了产业规模化的发展，成为行业或细分行业里的龙头企业，并成功实现转板IPO的梦想，如久其软件、粤传媒、世纪瑞尔、北陆药业、佳讯飞鸿、紫光华宇等公司。

　　场外交易市场，事实上并非中国的独创，比如美国场外柜台交易系统，以及介于新三板与创业板之间的英国AIM市场，这些境外的场外交易市场的出现和宽松的挂牌条件，为很多中小微型企业实现了借助资本市场的力量完成腾飞的梦想，最为著名的就是我们所熟知的微软集团，其最初即是通过美国场外柜台交易系统进行股权交易的。

新三板，在受到众多企业排除等候挂牌的同时，也得到了众多投资者的热捧，尽管如今的国内新三板市场，还没有对普通投资者开放，但依然出现了很多个人投资者的身影，可见，新三板的出现，既活跃了众多民间资本，也救活了众多中小微型企业。

然而，毕竟很多企业与投资者对新三板的了解还很少，这也是我们编写此书的目的。为了让更多的中小微型企业的创业者，能够了解新三板，实现挂牌融资，我们从最基础的知识入手，通过实际案例，一一介绍了什么样的企业才更受新三板的青睐，新三板与主板市场的区别，以及企业挂牌新三板的条件，挂牌后的融资方式，以及企业在挂牌时经常出现的一些疑难问题，企业挂牌前如何选择券商等中介机构，选择哪些中介机构，还有挂牌的流程，新三板的分层制度，并介绍了发达国家的新三板状况，以及新三板的未来发展前景和新三板的市场炒作与融资。

本书在对企业挂牌期间的分解解读过程中，均配以相应的实际案例，以期让企业通过研读，真正能够了解新三板，并最终实现挂牌，在"融资难"现状之下，顺利实现融资和快速发展。

目　录

第一章　小微企业为什么要挂牌新三板

第一节　什么是新三板

一、新三板概念

在了解新三板概念之前，必须先了解一下"代办股份转让系统"。"代办股份转让系统"的全称为"证券公司代办股份转让系统"（见图1-1），是指经中国证券业协会批准，并报中国证监会备案，由具有代办非上市公司股份转让服务业务资格的证券公司，采用电子交易方式，为非上市公司提供的股份特别转让服务。

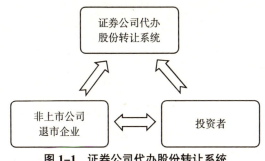

图1-1　证券公司代办股份转让系统

也就是说，"代办股份转让系统"是一个以证券公司及相关当事人的契约为基础，依托证券交易所和中国证券公司的技术系统与证券公司的服务网络，以代理买卖挂牌公司股份为核心业务的股份转让平台。

也就是说，"证券公司代办股份转让系统"只是一个官方的中介机构，是通过协议的方式连通非上市公司与投资者或机构的一个平台，它起到的只是一个桥梁作用，因为那些非上市公司或是已经退市的公司，它们有融资的需求，而很多投资机构或个人又有选择投资品种的需求。

在这一需求之下，为了妥善解决原 STAQ、NET 系统挂牌公司流通股的转让问题，2001 年 6 月 12 日经中国证监会批准，中国证券业协会发布《证券公司代办股份转让服务业务试点办法》，代办股份转让的工作正式启动，第一家股份转让公司大自然正式挂牌，三板由此开始正常运行。

当时的三板交易仅仅是通过国泰君安、申银万国、国信证券、大鹏证券、辽宁证券以及闽发证券 6 家被批准的券商进行营业部的内部运行的，一直到了两年后的 2003 年，这一业务才得以在全国各大券商中开放。

为了解决退市公司股份的转让问题，2002 年 8 月 29 日，退市公司也被纳入了代办股份转让试点范围。这也就意味着，那些退市的企业，在退市后仍然可以申请在新三板挂牌。

2006 年，《证券公司代办股份转让系统中关村科技园区非上市股份有限公司股份报价转让试点办法》的公布，使得中关村科技园区非上市股份有限公司也进入代办股份转让系统，俗称"新三板"。

2014 年 5 月 19 日，全国中小企业股份转让系统正式成立，代替了原来的"证券公司代办股份转让系统"。

所谓的三板，就是指在代办股份转让系统中，为原"两网"公司与退市公司提供股份转让交易服务的那部分平台。按照这一概念来定义，在 2006 年 1 月 16日"新三板"产生之前的代办股份转让系统，整体上俗称为"三板"。在此之后，代办股份转让系统进入到了三板与新三板共同存在的时期。为了有所区分，业内将"三板"称为"老三板"，进入代办股份系统进行转让的中关村科技园区的非上市股份有限公司称为"新三板"。

因此，新三板的出现，是与有着中国"硅谷"之称的中关村的崛起密不可分的，是中国中小科技公司不断向资本市场迈进的象征。然而，无论老三板的出现，还是其后的新三板，很多人都将之统一称为三板市场。

在最初，新三板只局限于中关村科技园的公司，后来扩展到了武汉、上海、西安等全国各高新科技园区，后来又扩展到了全国，成为一只渐渐雄起的雄鹰，傲视着中国的资本市场。

由此，形成了与主板（包括深市中小板）、创业板并驾齐驱的中国资本市场的格局。

延伸阅读：什么是"两网"系统？

"两网"系统是两个系统的简称，是指"全国交易自动报价系统"和"中国证券交易系统"：

（1）STAQ系统，"全国交易自动报价系统"的简称，是在1990年4月25日由中国证券市场研究设计联合办公室（现为中国证券市场研究设计中心）设计，并提交国家体改委审议试运行的，于同年11月实现了全国6个城市、18家公司的通信联网，便于异地证券机构间的沟通，以解决股份公司法人股的异地转让问题。

（2）NET系统，是"中国证券交易系统"的简称，是由中国证券交易系统有限公司设计开发，于1993年4月28日，由中国人民银行批准试运行的，该系统是利用卫星数据通信网络连接起来的计算机网络系统，为证券市场提供证券的集中交易，以及报价、清算、交割、登记、托管与咨询等服务，系统由证券商业系统、交易系统、清算交割系统三个系统组成。

在1999年，"两网"系统关闭后，三板市场承接了其挂牌公司流通股的转让。

案例精选

　　大自然公司最初主要是卖录音机的磁带，1992 年 8 月 31 日，经浙江省股份制试点工作协调小组浙股募〔1992〕1 号文批准，由杭州大自然音像公司、杭州磁带厂、浙江文艺音像出版社三家单位发起，以定向募集方式，在 1992 年 12 月 22 日设立了股份有限公司，并向全国证券交易自动报价系统提出了挂牌申请。

　　1993 年 3 月，公司进入 STAQ 系统挂牌交易，并在 2001 年 7 月，以 5700 万股原 STAQ 系统流通法人股进入证券公司代办股份转让系统挂牌转让，也就是俗称的老三板，成为了"两网系统"成立后，第一个"吃螃蟹"的首家正式进入代办股份转让系统的公司，并获得了 400001 号的证券代码。

　　在其后，一直到 2005 年期间，中国的股权代理转让一直处于改革探索之中，直到 2006 年 1 月，中关村科技园区非上市股份有限公司进入股份报价转让系统，大自然公司之前一直是以挂牌老三板的身份出现的。虽然此时新三板的出现，成为了主板、中小板及创业板市场的一种补充，但上市一直是大自然公司的梦想。于是，在 2007 年时，大自然曾试图申请在主板上市实现 IPO，但最终以失败告终。

　　然而，这并没有破碎大自然实现资本运行的梦想，随着"两网"公司退出历史舞台，退市公司的股票可以在新三板市场进行转让，包括原来在"两网"公司挂牌的公司流通股份，均可以进入新三板市场。因此，大自然再次申请并获准进入新三板市场，以协议转让的方式，实现了挂牌新三板。

　　在"老三板"向"新三板"过渡的资本市场改革的历史时期，大自然公司见证了这一历史转变，成为了见证并参与"老三板"及"新三板"市场的第一家非上市公司（见图 1-2）。

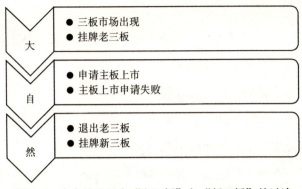

图1-2 大自然公司由"老三板"向"新三板"的过渡

卖家点评：

1. 无论老三板还是新三板市场，都必须是有资金募集需求的非上市公司，这样才能够挂牌三板市场。老三板企业，要想转入新三板市场，同样要求改市等手段，达到新三板挂牌要求，才能够转入新三板。

2. 从主板市场退市的企业，只要符合新三板市场挂牌要求，同样可以持牌新三板。

二、新三板与资本市场

要想明白新三板在资本市场里的定位，就要先明白中国资本市场的结构，从发展的角度看，我国的资本市场主要分为场内交易市场与场外交易市场。

场内交易市场又称为证券交易所市场，或集中交易市场，是指由证券交易所组织的集中交易市场，有固定的交易场所和交易活动时间，如上海证券交易所和深圳证券交易所，场内交易市场可分为主板市场和二板市场两个层次。

场外交易市场，是指在一定范围内连接证券商及其他客户的计算机和远程通信系统，又称为柜台交易市场，是在交易所以外进行证券交易的网络。如新三板市场。场外交易市场可分为新三板市场、区域性股权交易市场和券商柜台交易市场三个层次。

（1）主板市场。主板市场指上市公司中，沪市以6开头的股票，如600001，或是深市以000开头的股票，如000001。主要是为在型、成熟型的企业提供股权融资和转让服务，目的是打造蓝筹股。

（2）二板市场。二板市场多指深市中小板或创业板的上市公司，通过沪深交易所，为传统行业中的中小企业提供股权融资和转让服务，如深市中以002开头的股票，或是以300开头的股票。服务目标为创业创新、高成长型的中小企业。

（3）新三板市场。新三板市场指全国股份转让系统，为创业中后期、成长初中期的中小企业，提供股权融资和转让服务。股票代码为以43或83开头的6位代码。

（4）区域性股权交易市场。区域性股权交易市场是为当地的小微企业提供股权、债券转让和融资服务的地方性区域市场，如天津股权交易所。

（5）券商柜台交易市场。券商柜台交易市场是由证券公司设立，定位于私募市场，主要以机构投资者为主，为投资机构与非上市公司提供股权融资和转让服务。

这其中，主板市场、二板市场属于场内市场，新三板市场、区域性股权交易市场、券商柜台交易市场为场外市场（见图1-3）。

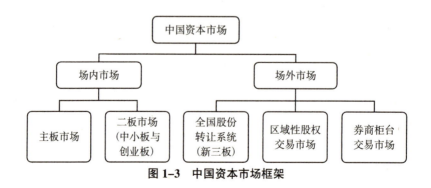

图1-3　中国资本市场框架

延伸阅读：什么是私募？

私募是指投资的主体，是相对于公募而言，公募是向社会公众，即普通投资者公开募集资金的募集方式，因此又称为公开发行。私募是指向小规模数量合格投资者（通常在 35 个以下）出售股票，但购买目的是投资而不是为了再次出售。

私募最早起源于美国。1976 年，华尔街著名投资银行贝尔斯登的三名投资银行家合伙成立了一家投资公司 KKR，专门从事并购业务，这是最早的私募股权投资公司。随后，全球出现了数千家私募机构，如黑石、贝恩、高盛等。

在中国，私募在设立主体上，公司制私募股权基金最关键的是投资者不能超过 200 人的法律限定，有限责任公司不得超过 50 人，并且单个投资者不低于 100 万元人民币。但按照《创业投资企业管理暂行办法》规定的备案条件，创业投资企业的实收资本至少不低于 3000 万元，但是注册资本没有具体限制。

在设立流程上，根据《创业投资企业管理暂行办法》规定，设立公司制 PE 需要按照《公司法》登记程序履行有关工商登记手续，然后向各地发改委履行有关备案手续。但若是涉及外资的，在办理工商登记手续之前还需要履行有关外资商务局或商务部的审批手续。

案例精选

在中国资本市场上，为了更好地发展企业，粤传媒成为了成功登陆三板市场后，又成功转战主板市场的第一股。

早在 1992 年 12 月，粤传媒的前身清远建北大厦股份有限公司成立。后经改制，公司登陆三板市场，在 NET 系统上市流通。

然而，三板市场毕竟转让股份时不够灵便，使得粤传媒的发展受到了限制，于是在 1999 年 10 月，公司贯彻落实国务院办公厅国办发〔1998〕10 号文的精神，向 NET 系统申请停牌，并着手进行重组工作。

经过重组，2001 年 8 月，公司在原 NET 系统上市流通的法人股 10093.32 万股开始在代办股份转让系统进行股份转让。在不断完善公司法人治理结构的同时，公司的彩色印刷业务实现了突破性转变，营业收入大幅提升，2003 年实现销售收入超过 1 亿元，一举扭亏为盈，当年实现利润近千万元。

2007 年 7 月 30 日，根据中国证监会发行监管部发布的《发审委 2007 年第 92 次会议审核结果公告》，公司首次公开发行 7000 万股股票申请获通过。同年 11 月 16 日，粤传媒在深交所正式上市交易，证券代码 002181，证券简称为粤传媒。

卖家点评：

1. 企业实现新三板挂牌并不是最终的目的，因为登陆新三板，只是可以实现股权交易的第一步，以获得融资谋求进一步发展。然而，在企业发展的过程中，登陆主板市场，才能够实现更好的融资机会，从而推动企业的长久发展。

2. 从新三板到主板上市的转变，不只是企业参与融资的场外市场与场内市场的变化，关键还在于企业自身盈利能力的转变，只有公司在不断发展中不断强化自身的盈利能力，才能获得资本市场的青睐。

三、久其软件：从新三板转战中小板的资本之路

经典案例

久其软件公司成立之初的 1997 年，也是北京中关村科技园成立的时候，当时，久其软件聚集了一批博士生、硕士生与本科生，以电子软件开发为主，依傍北京经济技术开发区，并入选中关村科技园区百家创新型试点企业。

因此，当三板市场出现后，久其软件成功在中关村股份代办转让系统挂牌，代码为 430007，走出了国产软件的资本市场之路。

其后，久其软件不断完善自身的主营业务，不断投入研发，并相继在杭州、哈尔滨、沈阳、南昌及天津等地成立了 8 家分公司与子公司，并基本形成了自身完善的营销网络，与中铁建集团、中国水利水电建设集团等建立了长期合作关系。

公司实力不断壮大，久其软件的业务也在不断扩展，企业对软件的研发也渐渐凸显出重要性，此时，久其软件制定出了启动二次创业的发展战略，这就需要更多的资金来支持，为此，公司提出了在深市中小板上市的申请。

经中国证监会核准，久其软件在 2009 年 7 月 23 日发布 A 股招股书，2009年 8 月 11 日成功登陆深市中小板，股票代码为 002279，发行价为 27 元，上市首日收盘价为 56.29 元，如愿以偿地得以在主板市场成功 IPO，并成为了互联网软件中，从新三板转战主板市场的首家企业。

延伸阅读：新三板市场的代码有什么区别？

企业在挂牌新三板后，股票代码是有所不同的。

在老三板时期，也就是在原 STAQ、NET 系统挂牌公司和沪深交易所退市的公司进行股份转让的公司，股票代码当时是以"400"开头。比如，水仙 A 的股票代码是 400008。

转入新三板后，股票代码则是"430"开头。比如，北京古代挂牌新三板后，股票代码为 430003。

2013 年 11 月，新三板扩容至全国的方案公布，全国股转交易系统上线后，新三板挂牌企业的股票代码将由"43"开头改为"8"开头的六位数字。

卖家点评：

1. 企业在挂牌新三板后，并不一定要转板主板市场，这种转板是由企业的发展所决定的，只有那些快速发展，需要更多的资金来适应自身发展的公司，才会申请转入主板 IPO。这也就意味着，无论老三板还是新三板市场，只是为那些有融资需求的小微企业提供了一个可以融资的平台，而企业在获得资金后能否实现高速发展，需要的还是企业自身的内功。

2. 在新三板挂牌后的企业，并不意味着就能够最终实现转入主板市场，这方面，新三板挂牌企业与非挂牌企业相比，没有"优先权"，依然需要重新申请，只有企业自身达到上市标准，才会被核准，成功登陆主板市场。

第二节　新三板的融资功效

一、新三板与企业融资

小微企业之所以选择挂牌新三板，是因为企业的发展离不开资金的支持，而这些小微企业在挂牌新三板时，往往由于规模不够，且又处于发展的成长期，无法达到上市 IPO 的要求，但企业内部又有资金的需要，无论是最初的老三板，还是其后的新三板市场，其实正是为那些小微企业提供了这样一个股权交易的平台，使得这些实力弱小却又有着迫切资金需求的，以及快速发展潜能的小微企业，能够通过新三板市场，实现融资。

因为企业在新三板挂牌后，可以寻找到同样有投资需求的资金机构，或满足了一定条件的个人，从而使得这些小微企业与资金机构之间形成一种对接，最终实现一种双赢，资金机构拥有了自身的投资标的，小微企业也通过挂牌新三板而获得了资金。

小微企业挂牌新三板后，最原始的交易是股权的转让，企业通过一定的价格，转让公司一定的股权数量，从而获得相应的企业发展的资金量。

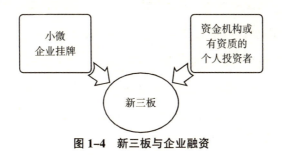

图 1-4　新三板与企业融资

延伸阅读：什么是企业融资？

企业融资又称为公司融资，是指由现有的企业筹集资金并完成企业项目的投资建设，无论项目建成之前，或是之后，都不出现新的独立法人。融资指为支付超过现金的购货款而采取的货币交易手段，或为取得资产而集资所采取的一种货币手段，通常是指在货币资金的持有者和需求者之间，直接或间接地进行资金融通的活动。

广义的融资，是指资金在持有者之间流动以余补缺的一种经济行为，这是资金双向互动的过程，包括资金的融入（资金来源）和融出（资金运用）。狭义的融资只指资金的融入。新三板挂牌企业的融资，是指通过新三板这一平台，企业与资金机构或个人，以股权转让等方式实现企业融资。

案例精选

北京时代科技股份有限公司成立于 2001 年初，它是由时代集团公司发起，并联合清华紫光、联想集团、大恒集团及四通集团等多家公司共同创建的一个全新的股份公司，一直从事 IGBT 逆变焊机的开发、生产、销售。

此时，尽管公司拥有不少有实力的公司股东，但在当初，仍然会遇到资金制约业务研发与企业发展的困境。

在 2006 年，中关村科技园区的非上市企业开始进入代办股份转让系统。北京时代科技股份有限公司正好属于中关村科技园区的非上市企业，公司响应政府"先行先试"的号召，作为第一批中关村试点企业之一，率先在新三板挂牌，证券简称为京时代，代码为 430003。并在挂牌期间，北京时代实施了三次定向增资，先后募集到资金 1.35 亿元。

通过新三板挂牌后募集到的资金，北京时代科技股份有限公司不断将资金投入公司的新技术研发与生产经营中，使得公司的焊机产品现逐渐形成了十余个系列 70 多种产品型号，占据了国内焊机技术的制高点。2007 年 10 月，北京时代科技股份有限公司组建了济南时代新纪元科技有限公司，实现规模与技术不断增强与扩大的同时，盈利能力也不断加强，逆变焊机的国内销量第一，连续多年成为国内最大的逆变焊机研发、制造、销售企业。

说到北京时代的发展，是与新三板挂牌后的三次融资分不开的。

第一次是在 2006 年 12 月，北京时代以 18 倍的市盈率向特定对象募集到了 5000 万元资金。这个傲人的市盈率甚至高于中国内地企业在中国香港进行 IPO 的水平，充分展现了新三板对企业价值的提升功能。

第二次是在 2008 年，当时正是金融危机的时候，但北京时代借助新三板的优势条件，开展了第二次定向增资，发行 600 万股，募集资金 2450 万元，被业界称为"冬天里的一把火"。这一次的融资，让北京时代得到充分的资金来抵御金融危机。

第三次是在 2010 年 10 月，北京时代启动挂牌后的第三次定向增资，发行 1000 万股，募集资金 6000 万元。见图 1-5。

第一次融资	第二次融资	第三次融资
● 2006 年 12 月，北京时代挂牌新三板后的首次融资，向特定对象募集到了 5000 万元资金	● 2008 年，北京时代第二次定向增资，发行 600 万股，募集资金 2450 万元	● 2010 年 10 月，北京时代第三次定向增资，发行 1000 万股，募集资金 6000 万元

图 1-5　北京时代的三次融资

在接连三次获得成功融资后，才有了如今不断强大的北京时代。而从另一个角度来说，那些接受北京时代定向增发的资金机构，它们同样随着北京时代的不断强大，获得了可观的收益。因此，北京时代也成为了首家在新三板连续三次融资的挂牌企业。

卖家点评：

1. 小微企业在资金面出现紧张的时候，选择通过新三板挂牌进行融资，同时，资金机构或个人，也会通过新三板寻找股权投资的标的。因此，新三板的出现，是一种非上市公司或退市公司，实现规范化股权交易的一个平台。

2. 并不是投资新三板挂牌企业，资金机构就会获得收益，只有未来有较大上升潜力的企业，才会让投资者收益良多。未来发展潜力不大的企业，即使其股价再便宜，投资机构也很难随企业的发展赚到钱，因为新三板要求，亏损企业同样可以挂牌。

二、新三板挂牌与小微企业的规范发展

小微企业挂牌新三板，虽然最大的功效是通过新三板进行融资，但作为起步不久的企业而言，融资不是目的，而是一种为了满足企业进一步发展的必要条件。因为，小微企业通过新三板挂牌去实现企业的融资，只是一种方式，而不是最终目的。因为企业在获得资金后，关键在于是否充分地利用融到的资金去发展企业。

从这个角度看，企业通过新三板融资后，不能将其运用于投资证券等用途，应当用于企业在规模、新技术研发等主营业务中，这样才能带动企业更好地向前发展。

因为，如果企业融到资金后，是用来买地（地产企业除外），坐等地皮上涨而获取收益，那么企业自身只能维持在原有的发展步伐，而企业在得到融资后，在大力发展业务的同时，也会促进自身的一种"自律"行为，实现规范化发展，从而才能更好地在企业内部科学管理的同时，实现自身业务的良性发展。

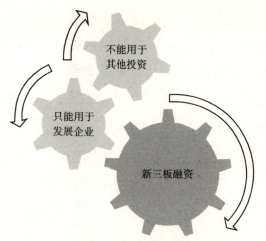

图1-6 新三板挂牌与小微企业的规范发展

延伸阅读：什么是投融对接?

投融对接是一种经济活动，是将投资方与融资方相互连接起来的一种活动。

新三板的出现，所实现的正是这样一种对接，但新三板只是为投资方与融资企业提供了一个可供进行股权交易的平台，并不能完全实现投资方与挂牌融资企业的对接，因为信息等不对称，使得双方无法做到深一层的认识。

因此，要想实现新三板挂牌企业的顺利融资，投资方必须真正了解新三板挂牌企业的经营项目、发展方向，而这些挂牌新三板企业必须进一步展示自身的发展潜力，投融对接是一种必要的方式。

案例精选

联讯证券是一家中小企业，在各大证券公司林立的时候，联讯证券在1988年成立了，其前身为惠州证券，是一家以经营证券经纪、证券投资咨询、证券投资基金代销、财务顾问、固定收益、资产管理为主的地方性中小企业。

　　然而，在网络化普及的今天，联讯证券早已不能满足于地方性的区域占有市场，但由于资金的约束，公司被划为经纪类券商，失去了一次宝贵的发展机会。但联讯证券却认为，只有发展才能生存。于是从 2003~2005 年，联讯证券抓住第一轮发展壮大的机会，实现低成本扩张，受让其他金融机构的 6 家证券营业部，发展为 8 家营业部和 3 家服务部，营业网点从惠州向北京、上海、沈阳、南通及成都等地区扩展，同时率先推行经纪人制度，改变了传统的经营模式，以满足客户一对一服务的需求，变坐商为行商，实行"营销、咨询、客服、IT"四位一体的经营模式。2007~2010 年，联讯连续四年净利润过亿元，净资产收益率行业排名前列。

　　从 2010 年开始，联讯证券被评为 BBB 级券商，年收入居广东辖内前列，因此获得了新设营业部的资格。为了实施第二次扩张，公司积极争取监管部门政策支持，在每批只有两个新建营业部指标的情况下，仅用了一年多的时间，联讯证券即在广东省主要地级市新设 14 家证券营业部，建立了以广东为依托，面向全国的公司布局。

　　尽管有了较好的发展，但联讯证券的发展却远不如其他早已成熟的大券商，因为资金不足一直是困扰公司发展的最大问题。为了实现业务扩张，联讯证券决定开始融资发展之路，于 2012 年，联讯证券制定了五年发展规划，确定了"专注于为中小投资者和中小企业提供投融资等中介服务的现代金融服务企业"的战略定位，将在未来几年内逐步完成全牌照券商、增资扩股成为集团型金融机构。

　　2014 年 2 月下旬，联讯证券再次抓住机遇，果断出手，启动新三板挂牌工作，两个月的时间，联讯证券于当年 4 月完成股改，4 月 30 日正式上报挂牌申请材料，7 月 9 日获得了全国中小企业股份转让系统的批准文件，8 月 1 日正式挂牌，证券简称为联讯证券，证券代码为 830899。从此开始了在新三板的增资扩股。

　　然而，为了能在短期内获得融资，即使是在新三板挂牌期间，联讯证券为了能够实现顺利融资，一直在主动寻找投资方。8 月 28 日，10 亿元融资款到账，剔除原股东认购金额，联讯证券及主办券商找到的投资机构及自然人 27 名外，联讯证券新引入现金融资约 6 亿元。短短 8 个月的时间，联讯证券即实现了新三板挂牌并融资 10 亿元，成为了首家在新三板成功融资的证券公司。

卖家点评：

1. 小微企业在实现新三板挂牌后，要想获得融资，必须实现规范化经营，不断努力发展自身业务，这样才能获得投资资金的青睐。

2. 挂牌新三板的小企业，即使融资方案公布后，也要主动出击，因为只有自身不断寻找，才能不断施展投资方的空间，从而实现投融对接。

三、中海洋：新三板融资托起绿色梦想

经典案例

每一个小微企业，在创办初期都会对未来有一个美好的梦想，而正是这一梦想，支撑着这些企业在不断前进、壮大。

中海洋新能源电力股份有限公司就是这样一家公司，这家公司成立于 2005 年，正是国家大力推行新能源的时候，并且给予了相关新能源公司不同的补贴和优惠政策。中海洋新能源电力股份有限公司成立后，一直是以太阳能发电为主，但即使是国家级的高新技术公司，仍然需要资金来支持，到了 2009 年，公司的现有资金到了无法再继续支持公司的发展的地步。为了募集资金，公司在 9 月开始股份制改造，并提交了挂牌新三板的申请。

2010 年 3 月，中海洋新能源电力股份有限公司在全国股份转让系统成功挂牌，证券简称为中海洋，证券代码为 430065。从此开始了其资金募集之路。

在成功登陆新三板后的 2010 年 6 月，中海洋进行了挂牌后第一次定向增资，以每股人民币 9 元的价格增发 1250 万股，共募集资金 1.125 亿元人民币。很快，

中海洋的这一定向增资实施后，仅仅历时 3 个月即获得了成功。公司募集到了资金，并全部用于公司太阳能电站核心技术的研发上，继续扩大对太阳能光伏产品及 LED 绿色照明产品的投资力度，提升公司的自主创新能力，增加核心竞争力。

此次定向增资从公告募集方案到完成工商登记变更，历时仅 3 个月。然而，技术研发对资金的需求很大，于是在 2010 年 11 月，中海洋启动了第二次定向增资，以每股人民币 21.2 元的价格再次增发 1000 万股，募集资金 2.12 亿元人民币。

很快，中海洋再次实现了顺利融资，用股权融得更多的资金来发展企业，中海洋从挂牌新三板后的融资路上尝到了甜头，两次定向增资，中海洋共募集到了 3.245 亿元的资金。如此一来，中海洋不仅拥有了资金实力去进一步开发项目、发展公司，使公司"专业的太阳能电站服务商"得到了全方位市场定位，从原来的太阳能光伏领域，延伸到了太阳能光热领域。这对公司自身而言，无疑是最大的发展。

与此同时，公司常年挂牌新三板市场，无形中等于是常年在新三板市场做免费广告，使公司的整体品牌形象得以提升，使得公司通过新三板市场这一平台，有机会对接更多的潜在客户资源，从而获得更为充裕的项目储备，业务机会也随之增多，在业务关系中的定价、议价能力也相应增强。2010 年中海洋新签订合同额达 5.5 亿元，是 2009 年签订的太阳能光伏项目合同的 6.32 倍。同时，品牌的提升还吸引了许多战略投资者向中海洋抛出橄榄枝，希望在项目、公司发展等各个领域寻求合作机会，共同开发太阳能产业。这些，都是中海洋以前所没有想到的。

这一点从中海洋两次融资中的股票价格可以体现出来，第一次定增，中海洋的股价只有 9 元，可是时隔仅仅半年后第二次定增，中海洋的股价却高达了每股 21.2 元人民币，上涨幅度远远超过了 100%。而这一点，则全赖于公司挂牌新三板。

因为中海洋自步入新三板市场后，使得公司内部治理结构得到了完善。这是因为新三板的所有操作模式都是参照主板市场来实施的，在新三板的规范指导下，促进了中海洋的公司内部治理结构不断完善，使公司管理、经营更加趋向规范化、科学化、合理化，公司无论从行为上、思想上都朝向更高一层的公众化公司递进。

然而，中海洋通过新三板的融资路并未中止，未来，中海洋依然会不断通过新三板进行融资，而在自身获得资金的支持后，相信中海洋的绿色梦想不只是一个美丽的梦想！

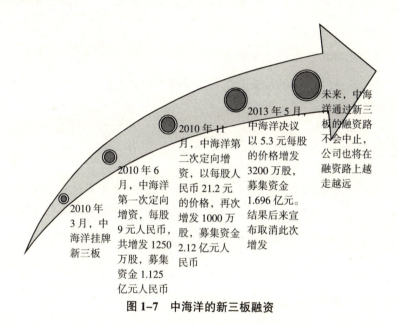

图1-7 中海洋的新三板融资

延伸阅读：新三板挂牌企业有哪些融资途径？

1. 定向发行股票

新三板规定，允许公司在申请挂牌的同时，定向发行股票融资，或是挂牌后再提出定向发行股票。

2. 发行中小企业私募债

私募债是一种比较便捷高效的融资方式，其发行审核采取备案制，审批周期更快，私募债的综合融资成本要比信托资金和民间借贷低。

3. 股权质押贷款借款

新三板挂牌公司的股东，可以将所持的公司股票抵押给银行，向银行借款取得资金，目前仅有部分银行已接受股票质押贷款。

4. 增加银行授信

企业在挂牌新三板后，声誉得到了提升，管理得到规范，财务信息公开透明，信息披露准确及时，这为银行增加企业贷款授信额度具有积极促进作用，从而从银行贷款的资金可以增多。

5. 提升业绩拓展企业内部融资

企业业绩得到拓展和大幅提高后，可以吸引企业员工集资获取融资。

卖家点评：

1. 企业挂牌新三板后，由于遵照规定，要进行信息等披露，因此会对企业自身的管理、经营形成一种倒逼行为，促使企业更为规范化、科学化地管理和发展企业。

2. 新三板挂牌企业在进行融资时，要量力而行，要根据自身对资金的需求量大小而募集资金，同时这种企业对资金的需求也应当理性而现实，不可过高和过于理想化。

第三节　哪类公司适合上新三板

一、创新、科技型小微企业

创新、科技型的小微企业，这类企业往往是依托在一定创新技术的基础之上创建的，也就是这些小微企业的成立是有其技术与科技的背景，这也是其未来能够在自身技术堡垒之下得以成长的关键。也就是说，这类企业的未来往往有着较大的发展潜能，甚至是业绩暴涨。

然而，由于这些创新科技型的小微企业，在创立之初，其技术的应用尚未被人们所认识，或是其实用性还未得到推广，而要发展其新技术，必须大量的资金来完成技术及产品的进一步研发，所以，这类公司在初创阶段，是最有资金的迫切需要的，也是未来最有市场竞争力的公司。而上市 IPO 又有着较强的要求，因此，这类公司最容易对新三板形成一种吸引，在申请挂牌时最容易引起重视。

案例精选

北京博晖创新光电技术股份有限公司是一家专门从事临床实验室诊断产品的研发、生产、销售以及售后服务的高新技术企业。在这一行业科研成果的基础上，公司的成立，是为了结合市场，进一步为市场提供更好的服务。

因此，北京博晖创新光电技术股份有限公司在 2001 年成立后，经过六年的应用开发，公司采用原子吸收法快速检测人体微量元素的应用技术已成功实现了产业化，并已发展成为国内最大的能提供检测方案、检测系统、标准物质的人体微量元素检测系统集成供应服务商，并在 2007 年被北京市科学技术委员会评为首批 100 家"自主创新产品企业"。

然而，为了进一步研发和生产，北京博晖创新光电技术股份有限公司需要大量的资金来实施。因此，在 2007 年 2 月 16 日，由国信证券推荐，北京博晖创新光电技术股份有限公司进入全国代办股份转让系统，成为了新三板市场的挂牌企业，证券简称为博晖创新，证券代码为 430012。

挂牌新三板后，博晖创新开始了融资之路，并用于自身产品与技术的进一步研发。因其拥有较强的技术堡垒，所以，在新三板挂牌后的融资路走得顺风顺水。

根据中国医疗器械行业协会出具的《2011 人体元素检测行业报告》，2008~2010 年的三年间，北京博晖创新光电技术股份有限公司的人体微量元素检测仪器产品市场占有率分别为 54.50%、58.48% 和 58.97%，市场占有率排名行业第一，销售网络遍及全国 31 个省级行政区。在 2011 年，公司总产值超过了 1 亿元，仪器产量超过 800 台、试剂产量超过 1500 万支，并且按照这种趋势分析，预计未来公司会出现持续成长。

在这一背景下，新三板融资已无法满足博晖创新的需求，而博晖创新又是中关村科技园区的非上市股份有限公司，属于高科技企业，于是在 2010 年 1 月 26 日，博晖创新开始冲刺创业板。可是，博晖创新的首次申请创业板 IPO 时却意外遭到否定，但博晖创新却即刻展开了 IPO "自救"。

通过一番努力后，博晖创新终于在 2012 年 2 月 28 日二次闯关时获得成功，证券简称为博晖创新，证券代码为 300318。

从博晖创新公司成立的 2001 年计，中途历经新三板挂牌，至 2012 年成功登陆创业板，博晖创新仅用了 11 年时间。可见，博晖创新高科技公司背景对于挂牌新三板，乃至后来的上市 IPO，都有着很大的帮助，因为其在自身拥有的技术堡垒之下，产品又具有较强的市场性，所以很容易受到投资方的青睐，融资也很容易实现。

延伸阅读：什么是高科技企业？

高科技企业，是一种以高新技术为主要的投入，以技术生产、创造和利用为主要表现形式，以组织网络化和资源外取为主要模式，强调特殊人力资源的积累和运用，并追求持续创新的新型智力密集型企业。

高科技企业的主要特征：

（1）高科技企业是一种以知识资本为核心进行资源配置的组织模式。

（2）高科技企业以资源外取和组织结构的网络化为重要特征。

卖家点评：

1. 科技型小微企业最核心的在于企业技术的不断创新，而并不是只有新、奇、特的产品就属于高科技，而是企业的技术需有一定的技术堡垒，在一定时期难以模仿，并且其产品具有较强的市场应用。只有这样的企业，才会受到新三板的青睐，也才更容易通过新三板实现融资。

2. 传统行业，如果通过研发，拥有了节能减排的技术，同样对市场是一种吸引，也容易受到市场的青睐。

二、自身特点突出的小微企业

有些小微企业，拥有企业自身的独特特点，却难以支持一个交投活跃的市场，或者企业对股份的流动性没有特别的偏好，但是在企业自身发展的过程中，又有着较强的融资扩大发展的需求，这类企业，由于自身的条件又无法达到上市IPO 的要求，所以也有在新三板市场挂牌的需求，同时，由于自身较为明显的特点，也容易受到新三板市场的青睐。比如那些中小金融机构，或是某一领域的佼佼者，如投资型的小微企业。

案例精选

北京华财会计股份有限公司是一家为不同类型企业发展的各个阶段提供全方位财税服务的综合性机构，其成立的时间相对较晚，是在 2004 年，但其服务过的行业却涉及制造、金融、航空、房地产、机械、电子、医药、化工、建材、纺织、交通运输、冶金、电力、煤炭、教育、大众消费品及餐饮等众多行业。

公司的业务一直以北京为主，但随着北京经济的繁荣和发展，涌现出了众多个人创业的民营公司与加工企业，北京华财会计股份有限公司以其专业的特长，为这些规模较小的小微企业、公司提供了良好的服务。

随着互联网的兴起，北京华财会计股份有限公司又抓住了时代的特征，成立了华财会计在线，以网络的形式，为小微企业与公司提供财会方面的服务，形成了自身的特点，于是很快，通过几年的发展，在财务服务方面，北京华财会计股份有限公司迅速占领了北京市场。

然而，随着公司规模的不断扩大，公司业务开始向相关的服务迈进，比如投资顾问、账务服务、会计外包、税务顾问、商务咨询、创业服务及专业培训等业务，因此，公司需要融资，借以支撑业务的扩展。于是，北京华财会计股份有限公司开始瞄准了新三板。

很快，北京华财会计股份有限公司得到同意，并于 2014 年 6 月 4 日成功登陆新三板，证券简称为华财会计，证券代码为 830769，成为了"新三板"700 多家挂牌企业，乃至全国主板、创业板资本市场中第一家，也是唯一一家从事财税会计服务的专业机构，被业界誉为"中国财税服务第一股"。

从北京华财会计股份有限公司挂牌新三板的时间上来看，其挂牌时，公司不过刚刚成立了 10 年，从启动上市程序，到最终完成挂牌，公司用了大约 1 年的时间。其关键在于公司的改市，因为公司在财会服务领域，是一家有特色的公司，所以只要条件达到了新三板挂牌要求，就很容易成功。

对于华财会计，登陆新三板，除了融资发展自身外，通过挂牌，华财的品牌价值得到了提升，在行业内的影响力和认知程度同时得到了提高。并且，使华财会计获取了更多的发展资源，吸引了包括北京在内的，以及来自广西、厦门等全国多地代理记账同行业机构，前来探讨与公司开展新的业务合作模式，为同业机构挂牌新三板起到很好的借鉴作用。

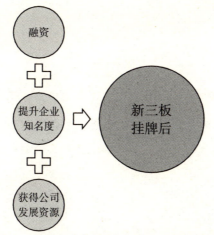

图 1-8　华财会计在新三板挂牌融资后得到发展

延伸阅读：小微企业的特点是什么？

（1）单个小微，总合重要。

（2）单靠市场机制不能满足发展需求。

（3）初创成长阶段。

（4）平均存活率较低。

（5）少有可能做强做大。

（6）业主家族式治理。

（7）财务报表不规范，甚至虚假。

（8）急小短频。

（9）成本较高。

（10）风险较大。

卖家点评：

1. 小微企业只有自身特点突出，才具有生命力，未来才具有持续发展的动力，所以才能受到新三板的青睐，实现成功挂牌和融资。

2. 小微企业要想走得更远，必须不断强化自身的特点。

三、初创后期的小微企业

初创后期的小微企业，指的是小微企业在创建后的时间。也就是，只有那些经历过初创前期的艰难，企业在拥有了自我的产品后，并拥有了一定的盈利模式，在接近于成长初期的小微企业，此时受到了资金的限制，而无法进一步紧跟发展或机遇的脚步，实现扩大化的纵深发展。这时候的企业，最适合在新三板挂牌，以实现进一步融资后的发展，也最容易受到新三板市场的欢迎。

因为企业如果刚刚创业，还没能用技术占领一定的市场，此时风险性较高，是不适合在新三板挂牌融资的，此时的融资，只能适合找那些风险投资机构获取资金。所以说，企业只有度过了艰难的初创期，处于或接近成长初期时，才能申请在新三板挂牌。

延伸阅读：什么是风险投资？

风险投资，英文为 Venture Capital，简称 VC，在中国是一个约定俗成的具有特定内涵的概念，其实把它翻译成创业投资更为准确。

广义的风险投资，泛指一切具有高风险、高潜在收益的投资。

狭义的风险投资，是指以高新技术为基础，生产与经营技术密集型产品的投资。

根据美国全美风险投资协会的定义，风险投资是由职业金融家投入到新兴的、迅速发展的、具有巨大竞争潜力的企业中的一种权益资本。

从投资行为的角度来讲，风险投资是把资本投向蕴藏着失败风险的高新技术及其产品的研究开发领域，旨在促使高新技术成果尽快商品化、产业化，从而取得高资本收益的一种投资过程。

从运作方式来看，风险投资是指由专业化人才管理下的投资中介向特别具有潜能的高新技术企业投入风险资本的过程，也是协调风险投资家、技术专家、投资者的关系、利益共享及风险共担的一种投资方式。

在中国，新三板市场的出现，为风险投资机构提供了一个退路。

案例精选

北京御食园食品股份有限公司是一家专注于生产和销售北京特产食品及休闲食品的民营股份制食品企业，成立于 2001 年。公司秉承"弘扬京味食品"的企业理念，以对特色食品独特的理解和创新，以及务实的实干精神，短短几年间，迅速成为北京特产食品企业发展中最为迅猛的先锋企业，公司规模已至行业翘楚：总资产 1.8 亿元人民币，年销售额 3 亿元人民币。

事实上，北京御食园食品股份有限公司最早只是一家生产和销售"北京特产"的公司，但经过十多年的专注，以及产品的不断拓展与增加，主打产品包括了冰糖葫芦系列，营养小甘薯系列，豌豆黄系列，高精果脯、茯苓夹饼系列，驴打滚系列以及北京烤鸭系列等休闲食品。同时，产品包括了精品礼盒，如京八件、鸭八珍、鸭四宝及福娃闹喜宫廷小吃等。

到了 2014 年时，这些产品已经相继问世，但是，企业在发展过程中，一直在研发新品，或是向以"北京特产"为核心的食品链上的纵深研发，以及扩大产品生产及销售上，从最初的创业期，渐渐步入成长初期。

北京御食园食品股份有限公司的资金一直处于紧张状态，因为一切的研发和发展，都需要资金来支持，但是一直到了 2014 年的 5 月 6 日，北京御食园食品股份有限公司才实现了新三板挂牌，证券简称为御食园，证券代码为 430733。此时的北京御食园食品股份有限公司已度过了企业的初创期，开始步入成长初期，所以很快得以登陆新三板市场。

挂牌新三板后，御食园开始了增发融资，并获得了世纪证券有限责任公司、中信建投证券股份有限公司、天风证券股份有限公司、财达证券有限责任公司等券商的青睐，纷纷参与了公司的定增，从而为御食园今后的快速发展，提供了有力的资金保障。

卖家点评：

1. 不是所有的小微企业都能够成功登陆新三板的，企业要想在新三板挂牌，必须成功度过创业期，步入成长期时再去申请新三板挂牌，这样成功的概率会更高。

2. 如果小微企业无法在创业初期占领市场，在行业里成为有上升潜力的企业，也是很难挂牌新三板的，因为挂牌新三板时，更为注重的是企业的发展期，而不仅仅是公司成立的时间长短。

四、紫光华宇：小微企业托起科技大梦想

经典案例

紫光华宇是一家典型的小微企业，全称为北京紫光华宇软件股份有限公司，最早成立于 2001 年，是一家主要从事电子政务系统的产品开发与服务的公司。

经过数年的发展，紫光华宇被北京市科委认定为"高新技术企业"和"软件企业"，部分产品曾获得国务院办公厅和科技部颁发的"优秀软件奖"及北京市

科委颁发的"北京市科学技术奖"。

而软件开发与应用需要投资大量的资金，因为紫光华宇是以研发为主，所以投资的资金大多用于人员的配备和开发。与传统企业不同，但这只是资金使用的方式不同。而为了能够募集到更多的资金用于发展，2006年，也就是公司成立的第六个年头，紫光华宇开始寻求资金的帮助，申请挂牌新三板，并且于2006年8月成功挂牌中关村科技园区股份报价转让系统，证券简称为紫光华宇，证券代码为430008，从此开始了借助资本市场发展公司的理念。由于公司属于高科技企业，因此在获批时，得以顺利获批。

公司在获得资本市场的关注后，得到了大力发展，相继设立了北京亿信华辰软件有限责任公司、广州紫光华宇信息技术有限公司等控股子公司，业务得到了扩展，业绩得到了提升。

2011年，为贯彻落实国务院批复同意建设中关村国家自主创新示范区的要求，做强做大一批具有全球影响力的创新型企业，培育出一批国际知名品牌，北京市委市政府决定在中关村国家自主创新示范区实施"十百千工程"，培育出一批收入规模在十亿元、百亿元、千亿元级的创新型企业，形成具有全球影响力的创新企业群，北京紫光华宇软件股份有限公司成功入选中关村自主创新示范区"十百千工程"第二批重点培育企业，并成功入选"做强一批高端企业"工程。

在这一背景之下，经紫光华宇申请，2011年10月26日，紫光华宇在深圳证券交易所成功登陆创业板市场，股票代码为300271，开盘价为38.80元。如此一来，紫光华宇获得了更快速融资的便利，得以借助资本市场实现快速成长。

从当初公司成立，紫光华宇不过是寥寥十数人的小公司，但是如今，紫光华宇已经发展为500余人的公司，而随着公司规模的不断扩大，公司的业务及业绩也得到了更大的发展与提高。

延伸阅读：什么是专利？

专利（Patent）一词来源于拉丁语 Litterae Patentes，是指公开的信件或公共文献，是中世纪的君主用来颁布某种特权的证明，后来指英国国王亲自签署的独占权利证书。

专利是世界上最大的技术信息源，据实证统计分析，专利包含了世界科技信息的90%~95%。

从字面上讲，"专利"即是指专有的利益和权利。国家知识产权局 LO-GO 专利的分析概述：

如此巨大的信息资源远未被人们充分地加以利用。事实上，对企业组织而言，专利是企业的竞争者之间唯一不得不向公众透露，而在其他地方都不会透露的某些关键信息的地方。因此，企业竞争情报的分析者，通过细致、严密、综合及相关的分析，可以从专利文献中得到大量有用信息，而使公开的专利资料为本企业所用，从而实现其特有的经济价值。

专利属于知识产权的一部分，是一种无形的财产，有着排他性、区域性、时间性的特点。

卖家点评：

（1）高科技企业的发展是依靠自身的专利或知识产权来进行的，因此，小微企业在成立之初，一旦拥有了某些专利，应当及时申请专利，以获得相应的法律保护，从而使自身在今后的发展中拥有在专利指导下进行企业发展的权利。

（2）企业要可持续发展，并拥有革新的技术，这样才能获得政策的支持，得以顺利进入资本市场。

第四节 新三板分层制度

一、新三板分层的目的

随着新三板扩容后挂牌公司数量的迅速增加，其差异化特征日益明显。而挂牌公司的日渐增多，加上投资者的大举介入，挂牌公司的交易频率、价格连续性等方面也出现了较大差异。挂牌公司在发展阶段、股本规模、股东人数、市值、经营规模及融资需求等方面的巨大差异，加上挂牌公司未来盈利能力的潜力，以及现有盈利能力的高低，一直参差不齐。全国股转系统公司以"多层次，分步走"的思路，决定新三板将由多个层级的市场组成，每一层级市场分别对应不同类型的公司，并且随着市场的不断发展和成熟，再对相关层级进行优化和调整。

分层的目的有两个：

（1）引导投融资对接。相对于主板或创业板等场内市场而言，新三板的准入度较低，而企业间的差异大，包括规模、盈利能力、股本等，企业发展的速度和进度也有很大异同。采用分层的模式，有利于投融资的对接。从挂牌企业来讲，容易找到对家（投资者）；从投资者的角度来讲，能够降低搜集成本，缩小投资搜寻的时间和范围，对引导投融资效率更为精准。

（2）差异化的制度安排，既是监管的要求，也是服务的要求。企业的成长阶段不同，特色不同，通过分层以后，就可以在交易制度、发行制度、信息披露的要求等制度供给方面，进行差异化的安排。

延伸阅读：新三板何时开始实施分层制度的？

为了进一步落实《国务院关于全国中小企业股份转让系统有关问题的决定》和《中国证监会关于进一步推进全国中小企业股份转让系统发展的若干意见》，加快完善市场功能，降低投资人信息收集成本，提高风险控制能力，审慎推进市场创新，全国中小企业股份转让系统有限责任公司结合市场反馈意见，在前期《挂牌公司分层方案（征求意见稿）》的基础上，制定了《全国中小企业股份转让系统挂牌公司分层管理办法（试行）》，并于 2016 年 5 月 27 日发布施行。

经典案例

齐鲁银行股份有限公司成立于 1996 年 6 月，是全国首批设立的城市商业银行，也是山东省首家、全国第 4 家与外资银行实现战略合作的城商行。

齐鲁银行的主要产品和服务包括公司银行业务、个人银行业务、资金业务等。齐鲁银行是山东省成立的首家地方性股份制商业银行。同时，在 2015 年 6 月 29 日，齐鲁银行成功在新三板挂牌，股票代码为 832666。

2016 年 5 月 27 日，《全国中小企业股份转让系统挂牌公司分层管理办法（试行）》公布后，在审核的过程中，齐鲁银行的股东人数达到了 4308 人，其登陆新三板后，进行了两次融资。其中第二次是在 2015 年 8 月 4 日，当时以 3.18 元每股的价格，共获配了 47200 万股，共融资 150096.00 万元，总股本达到了 284075 万股，获增的机构高达 7 家。

尽管，在当初挂牌新三板时，齐鲁银行是以协议转让的方式进行融资的，但新三板的分层，使得齐鲁银行决定改变原有的协议转让，改为做市交易。而再从盈利情况来看，齐鲁银行同样符合持续盈利在 4000 万元以上的标准，唯一差的是年复合增长率不足 50%。

然而，在综合评定后，从发展的角度出发，齐鲁银行依然被划归到了创新层。

卖家点评：

1. 新三板分层制度刚刚出来，因此，关于分层的问题，仍然在不断发展和调整中，因此，企业即使暂时未被划入创新层，也不应气馁，因为制度在不断完善，而且分层的调整，也是每年审核一次的。

2. 对于新三板企业或是即将申请挂牌的企业来说，因当前的分层制度还不够完善，所以不应以跻身创新层为目的，而应以如何快速发展企业为最终目标，这样才能真正获得资本市场的青睐。

二、新三板分层的三个标准

在新三板分层制度下，挂牌企业分为基础层与创新层（见图1-9）。

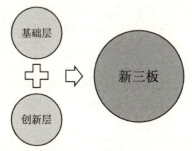

图1-9　在新三板分层制度下，挂牌企业分为基础层与创新层

从基础层升到创新层，共有三个标准，见图1-10。

（1）净利润＋净资产收益率＋股东人数（见图1-11）。

（2）营业收入复合增长率＋营业收入＋股本（见图1-12）。

（3）市值＋股东权益＋做市商家数（见图1-13）。

在新三板分层制度下，并不是企业在进入基础后，即会一直在这一层次，

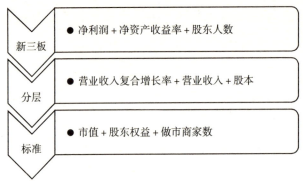

图 1-10　新三板分层的三个标准

净利润＋净资产收益率＋股东人数		
最近两年连续盈利，且平均净利润不少于 2000 万元（净利润以扣除非经常性损益前后孰低者为计算依据）	最近两年平均净资产收益率不低于 10%（以扣除非经常性损益前后孰低者为计算依据）	最近 3 个月日均股东人数不少于 200 人

图 1-11　净利润＋净资产收益率＋股东人数

营业收入复合增长率＋营业收入＋股本		
最近两年营业收入连续增长，且复合率不低于 50%	最近两年平均营业收入不低于 4000 万元	股本不少于 2000 万元

图 1-12　营业收入复合增长率＋营业收入＋股本

市值＋股东权益＋做市商家数		
最近 3 个月日均市值不少于 6 亿元	最近一年年末股东权益不少于 5000 万元	做市商家数不少于 6 家

图 1-13　市值＋股东权益＋做市商家数

每年的 4 月 30 日，当挂牌企业披露年报后，全国股转系统将进行层级调整工作。如果发现基础层的挂牌公司仍然不符合满足创新层准入条件的，将仍然留在基础层；符合三个标准的公司，将从基础层调整进入创新层；在创新层内的挂牌公司，如果发现其公司条件无法满足创新层要求，若是第一年不符合的，挂牌公司应当及时发布风险揭示公告，第二年仍然不符合要求的，将被调整到基础层。

延伸阅读：新三板挂牌企业如何进入创新层？

分层制度的推行，给企业挂牌新三板提供了一种层级，因此，申请新三板挂牌的企业，无须另行申请，只要满足几个条件后，即可直接在挂牌后进入创新层：首先将"申请挂牌即采用做市转让方式"作为申请挂牌公司进入创新层的共同标准，以适当提高进入创新层的申请挂牌公司质量；其次就标准一增加了"申请挂牌同时发行股票，且融资额不低于 1000 万元"的要求；最后要求标准三中市值按照挂牌同时发行股票的价格计算，发行对象中应当包括不少于 6 家做市商，且融资额不低于 1000 万元，以提高发行市值的公允性。

经典案例

江西巨网科技股份有限公司，注册成立于 2010 年，是一家专门从事互联网广告投放的企业。

巨网科技汇集了全国优质的互联网流量，汇集了 1000+行业媒体资源、百万级软件安装渠道、日展现数千万的 WAp 媒体资源，和 8000 万+的移动互联网用户资源，2015 年巨网科技年产值可达 1.5 亿元，纳税突破 1000 万元，预计 2016 年年产值可达 5 亿~10 亿元。

就是这样一家互联网企业，在 2015 年 9 月 24 日正式挂牌新三板，股权代码为833344。而挂牌前，公司即进行了两次定向增发融资，共发行了369.15万股，第二次发行价高达每股24元，募集资金共7939.6万元，按最后发行价计算，巨网科技估值已达到5.68亿元。

在新三板于2016年5月27日实施分层制度时，从创新层的标准来看，首先，首创证券、西部证券、中国中投、江海证券、国金证券5家券商入股巨网科技，并结合做市交易，天星资本、华卓投资等新三板投资公司也入驻。巨网科技可以说是一家由5家券商担保而在新三板进行挂牌交易的企业。

其次，公司所从属的行业为互联网广告企业，已为百度、腾讯、奇虎360、搜狐、赶集网等广告客户提供了包括百度杀毒、91手机助手、百度卫士、91手机卫士、hao123APP、QQ管家、QQ浏览器、应用宝APP、360浏览器、360手机助手、搜狐影音、赶集生活APP等在内的百余种PC端及移动端应用程序广告分发服务，属于高科技企业。

据2016年3月20日，巨网科技的一次增发看，其价格定在16.00~22.00元，预案发行数量：不超过2500.00万股，预案募资金额：55000万元。

从公司近两年的经营状况看，近两年的平均收入为11212.53元，近两年的复合增长率为3974.69%，实现了连续高增长，总股本经4次定增后为9796.60万股。

巨网科技自身的条件，完全满足了新三板创新层的要求，因此，在新三板分层制度实施后，巨网科技成为了首批新三板创新层企业。

卖家点评：

（1）分层制度的推出，是为了将那些优秀的挂牌企业分列出来，以利于公司吸引资本市场的关注，更好地融资发展企业。

（2）未能进入创新层的挂牌企业，并不意味着遭遇市场遗弃，而是在分层制度的激励下，更好地发展企业，并且一旦达到创新层的要求后，仍会划归于创新层，因为每年都会有一次考核，对于达标企业予以晋级创新层。

三、坤鼎集团：创新层并非新三板挂牌企业成功的捷径

延伸阅读：什么是做市商？

做市商，也叫坐市商，是指在证券市场上，由具备一定实力和信誉的独立证券经营法人作为特许交易商，不断向公众投资者报出某些特定证券的买卖价格（双向报价），并在该价位上接受公众投资者的买卖要求，以其自有资金和证券与投资者进行证券交易。买卖双方不需等待交易对手出现，只要有做市商出面承担交易对手方即可达成交易。这种交易方式，更为接近二级市场上的股票交易，只不过是参与的投资者对象不同而已。

做市商，通过这种不断买卖来维持市场的流动性，满足公众投资者的投资需求，并通过买卖报价的适当差额来补偿所提供服务的成本费用，实现一定的利润。

经典案例

坤鼎集团成立于 2009 年，并在 2015 年 10 月 30 日正式挂牌新三板交易，股票代码为 833913，其主营业务包括为北京经济技术开发区提供项目引进、产业落地、高端产业园区定制及运营服务，为国际知名企业以及国内主导产业的领先企业提供生产运营载体的选址、投资建设以及运营服务。因此，坤鼎集团是在新三板挂牌上市的第一家科技园区类公司。

挂牌后，坤鼎集团实施了一次融资，以 7.50 元的价格，发行了数量达 900 万股的股票，实际募资净额高达 6750 万元，而股东人数只有 14 人，总股本达 24200 万股。同时，坤鼎集团是一家由券商担保的做市交易商。

另外，2015 年营收同比增长 141 倍以上，近两年的平均净利润也达到了 3263.63 万元，但因其近 3 个月的日均股东人数只有 14 人，因此不符合标准一第

三条——3 个月日均股东人数不少于 200 人的标准。所以，尽管坤鼎集团 2015 年营收同比增长 141 倍，位列新三板挂牌企业之首，但仍然在 2016 年 5 月底的考核中未能晋级创新层。

卖家点评：

1. 并不是只有业绩优秀的新三板挂牌企业就能够顺利晋级创新层，高增长只是业绩优秀，但股东人数等其他因素也是很重要的，因此，并不是只有优秀的企业才能晋级创新层。

2. 企业能否晋级创新层，并不是衡量企业好坏的标准，因此，新三板挂牌企业不应以晋级创新层为目的，而是要通过不断完善自我来获得资本市场的青睐，以利于企业更好地发展。

第二章　小微企业挂牌新三板与主板上市的区别

第一节　服务对象

一、新三板青睐什么样的企业

全国股份转让系统的定位，主要是为成长型中小微企业发展服务。这类企业普遍规模较小，尚未形成稳定的盈利模式。这也就说明，新三板是专门为创新型、创业型、成长型的小微企业服务的。

在准入条件上，新三板不设财务门槛，申请挂牌的公司可以尚未盈利，只要股权结构清晰、经营合法规范、公司治理健全、业务明确，并履行信息披露义务的股份公司，均可以经主办券商推荐申请在新三板挂牌。这就意味着，只要是在成长期的小微企业，业绩可以出现亏损，甚至尚未实现盈利，非上市公司或退市公司，只要公司股权结构清晰、经营合法规范、公司治理健全、业务明确，并履行信息披露义务的股份公司，即可由券商推荐申请挂牌新三板（见图 2-1）。

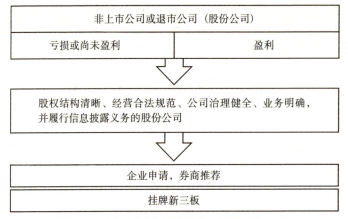

图 2-1　新三板对申请挂牌公司不设财务门槛

延伸阅读：什么是非上市公司？

上市公司，是指公司所发行的股票，经过国务院或者国务院授权的证券管理部门批准，在证券交易所上市交易的股份有限公司。

非上市公司，是指其股票没有上市和没有在证券交易所交易的股份有限公司。

上市公司是股份有限公司的一种，这种公司到证券交易所上市交易，除了必须经过批准外，还必须符合一定的条件。

上市公司最大的特点在于可以利用证券市场进行筹资，广泛吸收社会上的闲散资金，从而迅速扩大企业规模，增强产品的竞争力和市场占有率。新三板市场类似于企业通往上市的一个跳板或过渡，因此要求新三板挂牌企业必须为股份公司，当达到上市要求后，公司可申请上市。

案例精选

北京蓝山科技股份有限公司是一家集光通信设备的研发、生产、销售和技术服务于一体的光传输接入设备及其解决方案的提供商。

自 2005 年 9 月成立以来，公司始终致力于光传输接入网络的解决方案设计与关键设备的研发生产。但在当时，北京蓝山科技只是一家通信设备的研发、生产、销售和技术服务的企业，注册资本只有 8250 万元人民币，是一家典型的小微企业，经过数年的经营发展，蓝山科技在不断扩大市场份额的同时，却遇到了发展的瓶颈，使得公司治理结构影响到了公司的进一步发展，公司业务也因此出现下滑。

为此，蓝山科技决定借力资本市场，拓宽融资渠道，以降低融资成本，在 2013 年初时，公司引入境内资本，优化公司治理结构，提升公司管理水平，并计划在全国中小企业股份转让系统挂牌。

在随后的日子里，蓝山科技进行了股改，并在 2013 年 12 月 23 日，公司顺利完成了股改工商登记，由华龙证券有限责任公司推荐，成功于 2014 年 6 月 20 日在全国中小企业股份转让系统挂牌。

因为此时对于蓝山科技而言，尽管公司遇到了制约发展的瓶颈，业绩受到了影响，但新三板挂牌时，对公司业绩没有要求，蓝山科技又是成立才几年的小微企业，且公司所从事的行业为国家支持的行业，企业又被认定为高科技企业，公司在进行股改前已经引入外资，来加强公司的治理结构，且公司又属于未曾上市的股份公司，公司治理健全，业务明确，并一直在履行信息披露义务，因此，一经公司申请和券商推荐，公司即实现了在新三板的顺利挂牌，证券简称为蓝山科技，证券代码为 830815。

在挂牌新三板后，公司向华龙证券有限责任公司、华泰证券股份有限公司和东方证券股份有限公司 3 家做市机构实施了定向增发 750 万股，融资 9090 万元，用于公司资金的流动性使用。

当时，蓝山科技的股票增加价格为每股人民币 12.12 元。然而，在 2015 年下半年，蓝山科技再次定增，此次募集到的资金却高达 29 亿元。巨大的资金募集，使得蓝山科技得以顺利开展研发和不断地扩展业务，企业得到了很大发展。

卖家点评：

1.小微企业如果打算挂牌新三板，不要因为企业当时的业绩出现负面的亏损而担心，只要企业自身的治理体制健全，股权结构清晰，业务明确，经营合法，并能够履行信息披露义务，即可寻找主力券商，申请挂牌。

2.小微企业在申请新三板挂牌时，一定要在体制上改为股份公司，否则即使是前途再光明的行业，也无法成功。

二、联创永宣：投资者中的创新者

经典案例

在新三板服务对象中，随着国家经济的发展，有一类公司，同样成为了它们关注和扶植的对象，那就是创投公司。比如，北京联创永宣投资管理股份有限公司。

和其他企业相比，北京联创永宣投资管理股份有限公司是一家标准的创投公司，而创投公司与投资机构不同，不只是单纯地投资资金，而是在投资资金的同时，用它们长期积累的经验、知识和信息网络，来帮助企业管理人员，以实现更好地经营企业。

北京联创永宣投资管理股份有限公司成立的时间很短，是在 2011 年 1 月 12 日注册成立的，公司主要从事私募股权投资基金管理以及股权投资业务，可以说，联创永宣自成立后，所从事的就是项目、股权的投资，其投资标的也往往会涉足新三板的那些挂牌公司，专注于回报较高的早期项目投资，尤其是在 IT 行业，其所占公司整体投资的比重超过 6 成，已布局互联网金融、O2O、电商及机器人高端制造业等领域，并处于领先地位。

应当说，北京联创永宣投资管理股份有限公司虽然成立晚，但是其投资的实力却是不容忽视的，但是如果从 2013 年与 2014 年的业绩看，2013 年公司净利润 1555.02 万元，2014 年净利润为 1742.55 万元，增长率为 12.05%，保持了稳定的增长。公开投资项目看，联创永宣投资的 128 个项目中，有 123 个在管，其中多数是天使轮和 A 轮投资，已退出的 5 个项目的内部收益率达到 30.81%，其收益高于行业内龙头企业中科招商，与九鼎投资基本持平。

在此骄人战绩的背景下，联创永宣依托自身的投资实力，为了获得更多的资金，扩大投资规模，公司决定挂牌新三板，希望借助新三板的资本平台力量，在未来形成更加强大的投资能力和资源整合能力，从而更好地帮助创业者走向成功，也为投资人争取更大收益。

联创永宣挂牌的最大难点在于，它不是一家传统行业的公司，但是公司又符合新三板挂牌的要求，是一家股份公司，不仅业务明确，且作为创投公司，公司有着专业的团队，并一直在合法经营下，在项目的风险控制上有着严格的体系流程，有针对性地建立了整套风险控制体系，形成商务尽调与财务尽调并行的管理流程，从项目源头筛除高风险项目。同时，公司又有着严格的投后管理机制，并一直履行着信息披露义务。因此，北京联创永宣投资管理股份有限公司一经申请，并经券商推荐，即于 2015 年 9 月 25 日正式挂牌新三板，证券简称为联创永宣，证券代码为 833502，成为了中国首家新三板挂牌成功的创投机构。

新三板挂牌后的 2015 年 9 月 28 日，联创永宣发布了公司第一次股票发行方案，计划通过定向增发募集资金 14 亿元。其融资规模并不大，甚至有些寒酸，但联创永宣每股 350 元的定增价格却令人咋舌，成为了新三板历史上的"天价"定向增发项目。但是，联创永宣却成功完成了定增融资。

延伸阅读：什么是 PE 与 VC？

PE 是 Private Equity 的英文简称，即私募股权，是一种金融工具，也是一种投融资后的权益表现形式，与公司债券、贷款、股票等具有同质性。但其本质特征（区别）主要在于：

（1）私募股权不是一种负债式的金融工具，这与股票等相似，并与公司债券、贷款等有本质区别。

（2）私募股权在融资模式方面属于私下募集，与贷款等相似，但与公司债券、股票等有本质区别。

（3）私募股权主要是投资于尚未 IPO 的企业而产生的权益。

（4）私募股权不能在股票市场上自由地交易。

（5）从法律角度讲，私募股权体现的不是债权债务关系，与债有本质的区别。

VC 即英文 Venture Capital 的简称，是"风险投资"或"创业投资"，是指由职业金融家投入到新兴的、迅速发展的、有巨大竞争潜力的企业中的一种权益资本，也可以理解为一个动态循环的过程。

广义的风险投资，泛指一切具有高风险、高潜在收益的投资。狭义的风险投资，是指以高新技术为基础，生产与经营技术密集型产品的投资。

风险投资的特征：

（1）投资对象为处于创业期的中小型企业，且多为高新技术企业。

（2）投资期限至少 3~5 年以上，投资方式一般为股权投资，通常占被投资企业 30% 左右的股权，而不要求控股权，也不需要任何担保或抵押。

（3）投资决策建立在高度专业化和程序化的基础之上。

（4）风险投资人一般积极参与被投资企业的经营管理，提供增值服务；除了种子期融资外，风险投资人一般也对被投资企业以后各发展阶段的融资需求予以满足。

（5）由于投资目的是追求超额回报，当被投资企业增值后，风险投资人会通过上市、收购兼并或其他股权转让方式撤出资本，实现增值。

卖家点评：

1. 小微企业在申请挂牌新三板时，不要过多考虑企业自身的性质，只要从体制或是公司治理等方面来考量，只要满足新三板挂牌的要求，即可申请。

2. 小微企业打算挂牌新三板，即使属于新三板扶植的对象，也要有较明确的经营业务，哪怕当前企业处于亏损或尚未盈利，只要是在合法条件下正当经营的非上市的股份公司即可。

第二节　投资者群体

一、主板与新三板市场的投资者

主板市场是一种场内交易市场，而在我国的场内交易所市场，投资者的结构是以中小投资者为主，这是交易市场在投资者群体上的最大特点（见图2-2）。

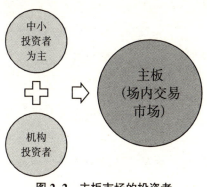

图2-2　主板市场的投资者

新三板属于一种场外交易市场，实行了较为严格的投资者适当性制度，发展方向将是一个以机构投资者为主的市场。在新三板市场，个人投资者如果想要参与新三板中挂牌公司的定增，证券账户资产必须在 300 万元以上，并有两年以上证券投资经验，累计 5 笔以上证券交易成交记录，或是具有会计、金融、投资及财经等相关专业背景（培训经历），并通过证券公司专业测试。比如，一些游资大户参与的新三板挂牌个股（见图 2-3）。

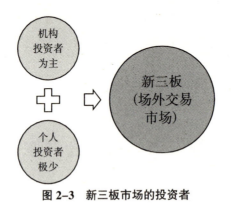

图 2-3　新三板市场的投资者

延伸阅读：什么是机构投资者？

机构投资者，是指符合法律法规的规定，可以投资证券投资基金的注册登记或经政府有关部门批准设立的机构。代表小投资者的利益，将他们的储蓄集中在一起管理，为了特定目标，在自身可以接受的风险范围和规定的时间内，追求投资收益的最大化。资产管理可以定义为机构投资者所收集的资产被投资于资本市场的实际过程。

在证券市场，凡是出资购买股票、债券等有价证券的个人或机构，统称为证券投资者。从广义上讲，机构投资者是指用自有资金或者从分散的公众手中筹集的资金，专门进行有价证券投资活动的法人机构。

在西方国家，以有价证券投资收益为其主要收入来源的证券公司、投资公司、保险公司、各种福利基金、养老基金及金融财团等，一般称为机构投资者。其中最典型的机构投资者是专门从事有价证券投资的共同基金。

在中国，机构投资者目前主要是具有证券自营业务资格的证券经营机构，符合国家有关政策法规的投资管理基金等。

案例精选

北京星昊医药股份有限公司，原来叫星昊现代医药开发有限公司，是创办于 2000 年 10 月的一家药企。

在从事医药及相关产品的研发过程中，星昊医药一直致力于新药的研发与临床应用，曾先后研发及生产出复方消化酶胶囊、注射用利福霉素钠、肿节风分散片、安神补脑分散片、注射用水溶性维生素、甲钴胺片（星佳定）、甲钴胺胶囊、氯雷他定片、盐酸伐昔洛韦片、注射用盐酸左氧氟沙星、注射用醋酸奥曲肽及醋酸奥曲肽注射液等产品，新药品种领域包括心血管类、抗肿瘤类、抗感染类、消化道药物、免疫调节剂类的天然药物及化学药品等。

通过不断的研发和生产新药，公司又逐渐建立了自我营销和服务网络，然而随着公司的不断发展，公司对资金的需求也越来越大，为了让企业进入资本市场去运作，在 2007 年初，公司改为"北京星昊医药股份有限公司"，并在 2007 年 8 月 16 日，由海通证券股份有限公司推荐，正式挂牌新三板上市，简称为星昊医药，证券代码为 430017。

新三板挂牌后不久，为了实现更好的融资，公司曾申请在深市创业板上市，然而苦等了近两年时间，却迟迟未能获准，万般无奈之下，公司只好主动撤回了 IPO 申请，因为企业发展需要资金，星昊医药再次回到新三板挂牌，2012 年 10 月，星昊医药曾融资 16960.82 元，用于广东星昊药业有限公司制剂生产扩建项目。在其后的 2015 年，再次通过新三板定增融资，用于增加公司流动资金，扩大业务规模。

在此次定增的名单中，有 11 家机构获配：

（1）北京联创大洋投资合伙企业。

（2）北京泰生鸿明投资中心。

（3）上海虎铂康民股权投资基金合伙企业。

（4）吉林省现代农业和新兴产业投资基金有限公司。

（5）上海永钧股权投资合伙企业。

（6）深圳市高特佳睿丰投资合伙企业。

（7）上海高特佳懿海投资合伙企业。

（8）北京凤博汇鑫投资中心。

（9）中广影视产业无锡创业投资企业。

（10）杭州联创投资管理有限公司—联创新三板 1 号资产管理计划。

（11）广州联创利好投资管理有限公司—深圳联创新三板 1 号资产管理计划。

然而，在这 11 家定增对象中，却没有一个自然人，均为投资机构或基金机构。在药业发展困难的现状下，不是星昊医药不选择个人，而是个人投资者很难进入新三板去直接投资，因此，星昊医药才选择了这些机构为定增对象。

卖家点评：

1. 小微企业在选择融资者时，一定要看清投资者的性质，如果是自然人，则应当全面审核其资质，若未达到要求时，应当慎重，以免因融资而导致股权纠纷的发生。

2. 在确定投资者主体的情况下，小微企业还要对投资机构的投资性质进行考量，寻找那些愿意随企业发展而获得收益的投资机构，而不要为了一时融资，选择那些短视的投资机构的投资行为。

二、间接投资新三板：孙红雷与青雨传媒

当前，虽然从制度上不排除个人投资者参与新三板投资，但实际上个人要进入新三板投资是难以达成交易的，而随着制度的不断完善，相信，个人参与投资新三板离现实也不远了。只是，虽然目前个人投资者较少，但投资者却可以做到间接地投资新三板挂牌企业。

经典案例

孙红雷、赵薇等是我们耳熟能详的影视明星，他们除了在影视表演艺术上的成就外，在个人投资上也成为了很好的典范。

大家都知道孙红雷，但提起青雨传媒却少有大众知道，它是一家成立于2007年的文化传播公司，主要经营制作影视、影视节目的购买及转让。成立之后，公司曾成功引进了香港电视连续剧《万事胜意》、《大清名捕》、《当女人爱上男人》、《圆月弯刀》，并取得了良好的效益。其后，公司又独立出品并发行了电视剧作品《潜伏》、《借枪》、《不要和陌生人说话》等，尤其是在2009年拍摄了《神探狄仁杰》，在国内外产生了广泛积极的影响，获得众多奖项和广泛的赞誉。

就是这样一家传媒公司，随着华谊兄弟登陆创业板掀起"造富神话"后，青雨传媒也开始蠢蠢欲动，向证监会申请IPO，折戟后，青雨传媒又欲上演"借壳上市"，借上市公司万好万家重组实现上市，但重组之路同样遭遇失败。

然而，青雨传媒却不甘心就此罢手，因为企业借助资本的力量，才会获得大的发展，为此，青雨传媒选择了新三板。

作为明星的孙红雷，此时早已瞄准了青雨传媒，因为拍一部热门影视剧，明星只能拿几百万元至上千万元的片酬，但如果把影视公司运作上市，那身价可就能增值几亿元，华谊兄弟就是个很好的例子，但个人投资者此时很难参与新三板，孙红雷便通过好友的关系。在2014年7月，孙红雷通过好友转让的方式，以2.3696元/股的价格"潜伏"进入青雨传媒的股东之列。此时，刚刚公布了上

市公司万好万家预计以 7.13 亿元收购青雨传媒 100%股权的消息。

只是作为投资者而言，孙红雷没有想到青雨传媒此次的"借壳上市"再次遭遇了失败，但即使是公司无法实现直接登陆场内交易上市 IPO，此时也可以通过新三板挂牌走入资本市场。果不其然，青雨传媒选择了这条路，于 2015 年 7 月 3 日实现了成功在新三板挂牌，证券简称为青雨传媒，证券代码为 832698。

在青雨传媒实现新三板挂牌的当日，即引入了 6 家投资机构进行做市交易。而当时孙红雷在出资青雨传媒公司上，总计出资 150 万元，持有 150 万股，掌握了公司 3.07%的股权，而青雨传媒挂牌新三板后的股价为每股 23.8 元，仅仅孙红雷，若是以此价转让，价值已高达 3570 万元，赚了 10 倍还多。尽管孙红雷不是直接通过新三板持有青雨传媒的，但这种提前布局，同样是一种很好的参与资本市场的运作方式。

延伸阅读：购买原始股时要注意什么？

（1）看承销商资质。

购股者要了解承销商是否有授权经销该原始股的资格，一般由国家授权承销原始股的机构所承销的原始股的标的，都是经过周密调研后才会进行销售的，这样的公司上市的概率较大，反之容易上当。

（2）企业经营情况。

购股者要了解发售企业的生产经营现状，这些都能在企业发售股票的说明书中查到。

（3）看发行股票用途。

要看发行股票的用途。通常，企业发售股票的用途是用来扩大再生产的某些工程项目、引进先进的技术设备、增强企业发展后劲的某些用项等，这些都是值得投资的。如果企业发售股票是用来补充流动资金，则需慎重，极有可能是企业对外欠资太多，发售股票的目的是用来补窟窿偿还亏损债务的。

（4）企业负债情况。

要看发售股票企业负债的额度。购买某企业的股票时，要特别注意该企业公布的一些会计资料报告，这些资料报告发售企业资产总额、负债总额、资产净值等。

（5）看溢价发售比例。

要看溢价发售的比例。企业发售股票大多采取溢价发售的办法，其溢价发售的比例越小，购股者的风险性越小，溢价发售的比例越大，给购股者造成的风险性就越大。

（6）看预测分红股利。

要看预测分红的股利。股利越高，说明资金使用效果越好，越低，说明企业使用资金的盈利能力越差，应当慎重。

随着新三板制度的不断完善，投资者可及时关注新三板的动向，直接等企业挂牌新三板后再购买最为安全。

卖家点评：

1. 当前，普通个人投资者还无法直接在新三板交易，而参与新三板的个人投资者的条件又很严格，因此，应谨慎对待市场外兜售欲挂牌新三板企业的原始股行为。

2. 个人投资者参与即将挂牌新三板企业时，如果想选择代理机构，应当看清该机构的资质等，最好的办法是等制度进一步完善后再行直接参与。

第三节　服务目的

一、新三板与主板、创业板的服务目的

全国股份转让系统（新三板）是中小微企业与产业资本的服务媒介，主要是为企业发展、资本投入与退出服务，不是以交易为主要目的。因此，它属于场外交易市场。

相对来说，一板市场包括主板与中小板，二板市场是指创业板，这两个市场的服务目的是为那些大型、中小型、成熟企业及成长企业提供一个可以与中小投资者进行股票交易的平台，因此属于场内交易市场，见图2-4。

一板	● 主板。目的是为比较成熟、在国民经济中有一定主导地位的企业提供融资，并为中小投资者提供一个可以交易股票的市场 ● 中小板。目的是为发展成熟的中小企业提供融资平台，并为中小投资者提供可以交易股票的平台
二板	● 创业板。目的是为成长型的、处于创业阶段的企业，特别是那些具有自主创新能力的企业，更强调科技含量、成长性、创新性，提供一个融资平台，并为中小投资者提供可以交易股票的平台
新三板	● 为小微企业与产业资本的服务媒介，主要是为企业发展、资本投入与退出服务，不是以交易为主要目的

图2-4　主板、创业板、新三板的服务目的

延伸阅读：什么是新三板转板通道？

新三板的转板通道，是指挂牌新三板的企业在不同层次的证券市场流动的通道。目前，中国并不存在真正的转板制度，新三板挂牌企业和非三板企业，都需要通过首次公开发行的程序，才能在场内资本市场（主板、中小板或创业板）的相关板块上市。

案例精选

北京佳讯飞鸿电气股份有限公司是一家专注于通信、信息领域的新技术及新产品的自主研发与生产，并在通信设备及解决方案方面实现了规模化销售的公司。

从公司层面看，这家公司极为看好公司的未来发展前景，自身并不需要资金来扩充发展，也就意味着，这家公司的资金很充足，但是，公司要想在行业内得到大的发展，必须成为上市公司。

为此，公司挂牌新三板的目的很明确，不是要通过新三板融资，而是借助新三板，伺机转板 A 股，冲击资本市场。

于是在 2007 年底，北京佳讯飞鸿电气股份有限公司成功在新三板挂牌，证券简称为佳讯飞鸿，证券代码为 430023。但是挂牌后，股东却一直惜售公司股票，出现了半年内无交易记录的情况，更是无定向增发等计划。终于，在公司挂牌新三板后的 2008 年 4 月 10 日，佳讯飞鸿第一次向监管机构递交了中小板 IPO 上市申请，并于同年 10 月 10 日被证监会正式受理。不巧的是，此时刚好赶上了当年底的新股发行暂停，佳讯飞鸿的上市之路就此被搁置。

直到 2009 年 5 月，IPO 开闸，佳讯飞鸿再度开启 IPO，只是上市地点从中小板转至了创业板，并于 2010 年底成功过会，在 2011 年 3 月 22 日获得上市核准，证券简称为佳讯飞鸿，股票代码为 300213。

在上市之初，佳讯飞鸿的首轮 IPO，募集资金竟然高达 4.62 亿元。然而在之前，新三板仅有久其软件、世纪瑞尔、北陆药业成功转板，因此，作为新三板成功 IPO 上市的第四家企业，佳讯飞鸿的上市之路同样备受关注。但关注最多的，是公司在新三板挂牌的 4 年时间里，只完成了一笔交易，即 2008 年 6 月 17 日，一笔 3 万股的单子在盘中挂出，股价从每股 1 元增至了每股 9.8 元后成交。

因此，佳讯飞鸿的顺利转板，常常被视为成功利用新三板作为 IPO 跳板的典型代表。

卖家点评：

1. 企业要明白场外市场与场内市场的特点，以及所服务的对象和服务目的，才能根据自身的需求，选择相应原市场。

2. 如果没有资金需求的企业，因各种原因而未能直接在主板或中小板、创业板等场内市场上市，同样有在新三板挂牌的需要，因为新三板市场可以在其他方面提升企业，如公司信誉与治理等。

二、北陆药业：从新三板转战创业板的跨越

经典案例

北京北陆药业股份有限公司是在 1992 年创立于中关村科技园区的一家企业，是经北京市科委批准的医药高新技术企业，也是北京市新技术产业开发试验区第一批进行股份合作制试点的高新技术企业之一，主要业务是从事药品生产及经销。

药品生产则离不开研发，经过几年的发展，公司的业务逐渐成熟，尤其是在对比剂系列产品上，政策的支持，以及公司的不断研发，为了更好地发展高新企

业，在中关村科技园区非上市股份有限公司股份报价转让出现试点时，北陆药业即成为了第 6 家挂牌三板市场的公司，2006 年，经主办报价券商广发证券推荐，中国证券业协会出具备案确认函，北陆药业又于 8 月 28 日开始挂牌新三板，证券简称为北陆药业，证券代码为 430006。

挂牌新三板后，北陆药业不仅通过新三板市场融资，同时还在不断规范自身的企业经营，而在这种不断融资完善自我的同时，北陆药业在新药研发与生产上得到了不断的扩大，在影像学领域、内分泌领域都有所涉及，研发出九味镇心颗粒。

2008 年，公司的对比剂系列，销售额从 20 亿元增长到 28 亿元，年复合增长率达 18.32%；销售量从 7.3 百万支上升到 10.5 百万支，年复合增长率达 19.93%。

从挂牌新三板系统后，在不断融资的支持，以及北陆药业不断的研发中，企业得到了成长，于是，其后，北陆药业提出了公司登陆创业板的申请，以求在医药领域的长远发展。2009 年 10 月 30 日，北陆药业正式登陆了创业板，股票代码为 300016，成为了第 16 家登陆创业板的公司，也是首家由新三板转至创业板的公司。

在场内市场，北陆药业又通过高送转、定向增发等手段，不断融资扩大生产规模及新品研发，在巩固对比剂系列产品的同时，向降糖类药物和抗焦虑类中药进军，其中钆喷酸葡胺注射液在市场占有率始终保持在 40% 以上，市场排名第一。

因此说，是新三板的出现，助推了北陆药业这家当时的小药企的成长，其从新三板转战创业板的成功，也意味着公司借助资本市场不断发展企业的脚步，得到了大跨步的发展。

延伸阅读：IPO 上会是什么意思

上会是指申请发行股票的企业提交到证监会发审委的首次公开发行股票（IPO）申请，将在发审委的定期会议上审核。如果企业的上市申请得到了通过，公司就可以得到一个股票代码，从此可以公开在市场发行公司的股票，否则就不能通过股票市场进行融资。

卖家点评：

1. 在中国市场，并不存在新三板转到其他板块的制度，因此，新三板挂牌企业在由场外市场向场内市场转板时，需要和其他非三板企业一样，需要通过正常的上市 IPO 申请获批后，才能实现。

2. 小微企业在挂牌新三板后，不仅仅是通过新三板市场实现融资，还要不断规范化企业制度，才能实现获得资金后的腾飞。

第三章　小微企业在新三板挂牌后如何募集资金

第一节　定向增发股票

一、股票增发

定向发行股票融资是新三板挂牌企业的主要融资方式。根据《非上市公众公司监督管理办法》和《全国中小企业股份转让系统有限责任公司管理暂行办法》等规定，新三板简化了挂牌公司定向发行股票的核准程序。也就是说，新三板允许公司在申请挂牌的同时，定向发行股票融资或挂牌后再提出定向发行股票。

延伸阅读：什么是增发？

增发是股票增发的简称，是已上市的公司通过指定投资者（如大股东或机构投资者）或全部投资者额外发行股份募集资金的融资方式，发行价格一般为发行前某一阶段的平均价的某一比例。

股票增发有两种形式：定向增发、公开增发。

定向增发，是指上市公司对特定的对象发行新股。

公开增发，是上市公司对所有股民、机构发行新股。虽然这两种增发方式都是对新股的增量发行，对股本和股东权益有一定的摊薄作用，但是两者有非常大的区别。

经典案例

云南云叶化肥股份有限公司是集生产、销售、服务、科研、设备和技术出口于一体的现代农业产业化企业。公司主导产品有"云叶"烟草专用肥、"云叶"系列复混肥料、"新云叶"系列复混肥料、生物有机肥、有机—无机复混肥料、控失肥、硝态氮系列肥和"禾得利"系列农资肥等。公司创办后，经过数年的努力和经营，已通过 ISO9001：2000 质量体系认证和 GB/T28001-2001 职业健康安全管理体系认证。2009 年，公司又被企业技术中心评为"云南省认定企业技术中心"，2011 年获"高新技术企业"认定，产品通过"环保生态肥料产品"认证。

为了借助市场，谋求更大的发展，公司于 2015 年 3 月 19 日挂牌新三板，证券简称为云叶股份，证券代码为 831663，当日股价为 1.6 元。但与此同时，云叶股份开始向本企业的员工定向增发优先股。募集的对象为公司董事、核心员工等认购。

此次，公司共定向增发 244 万股，增发价格为 1.50 元，共募集到了 366 万元，据公告称，云叶股份此次所募集到的资金将全部用于补充流动资金。

这也就是说，云叶股份公司在经营的过程中出现了资金上的短缺，因此才在挂牌新三板的同时开始定向增发，以补充公司运营中出现的资金流动性不足。

卖家点评：

1. 小微企业在挂牌新三板的同时，或是登陆新三板后出现的定向增发，一定要明确所增发的股票的性质，以便投资机构或个人对其有所了解，从而顺利完成定增方案。

2. 个人投资者如果参与公司的定增，也要先明白股票的性质，以免出现投资失误，因为优先股有其有利的一面，同时也有一定的风险。

二、定向增发的规则

根据《非上市公众公司监督管理办法》第四十五条规定："股东人数未超过200人的公司申请其股票公开转让，中国证监会豁免核准，由全国中小企业股份转让系统进行审查。"

根据《全国中小企业股份转让系统股票发行业务规则》规定："4.3.3 按照《管理办法》应申请核准的股票发行，挂牌公司在取得中国证监会核准文件后，按照全国股份转让系统公司的规定办理股票发行新增股份的挂牌手续。4.3.4 按照《管理办法》豁免申请核准的股票发行，主办券商应履行持续督导职责并发表意见，挂牌公司在发行验资完毕后填报备案登记表，办理新增股份的登记及挂牌手续。"

因此，当新三板挂牌企业的股东人数定向发行后，累计超过200人，或者股东人数超过200人后的挂牌公司定向发行时，应先向中国证监会申请核准，股东人数定向发行后未超过200人的挂牌公司，发行完股票后，应直接向全国股转系统申请备案（见图3-1）。

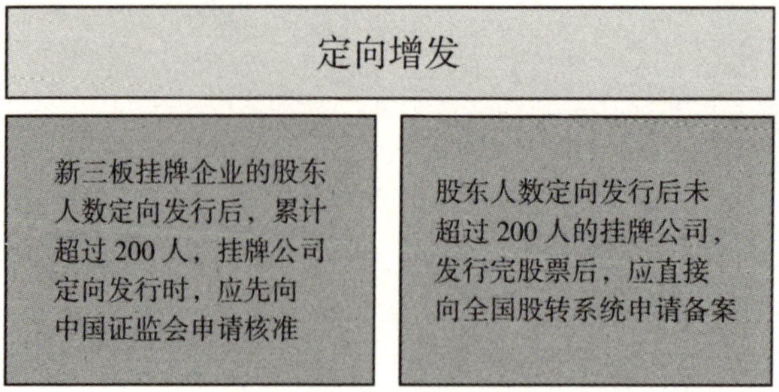

图 3-1　新三板的定向增发

延伸阅读：什么是优先股？

优先股是相对于普通股而言的，主要是指公司在利润分红及剩余财产分配时的权利方面，要优先于普通股，但优先股股东没有选举权及被选举权。一般来说，优先股股东对公司的经营没有参与权，且不能退股，只能通过优先股的赎回条款被公司赎回，但是能稳定分红。

作为优先股，股息一般不会根据公司的经营情况而增减，也不能参与公司的分红，但可以先于普通股获得事先定好的股息收益率。如果公司股东大会需要讨论与优先股有关的索偿权，即优先股的索偿权要先于普通股，而次于债权人。

经典案例

上海益盟软件技术股份有限公司，主要从事证券信息软件研发、销售及系统服务，向投资者提供金融数据、数据分析及证券投资咨询等服务。公司于 2015 年 7 月 29 日开始挂牌新三板，9 月 14 日起由协议转让方式变更为做市转让方式，证券简称为益盟股份，证券代码为 832950。

在新三板挂牌的同时，益盟股份也开始了对特定对象的定向增发，以每股 14.29 元的价格向 32 名定向投资者发行 8750 万股，募集资金 12.5 亿元。

在益盟股份的定向增发名单中，有腾讯计算机、周立宸、东证创新等，共计有 32 位股东，而原始股东中，只有腾讯。新增股东阵容颇为豪华：海通证券、东方证券、东兴证券、华安证券、上海证券、中信证券和兴业证券七大券商，朱雀投资、朴易投资、光大投资、立正投资及融玺创投等众多 PE 也联袂出现抢筹。之所以益盟股份的定向增发如此火爆，是因为在 2015 年互联网金融的火爆，比如东方财富的股价，在一年间出现了 10 多倍的增长。

然而，如果从益盟股份此次定向增发的情况看，其股东人数至增发完毕后，总共也不过 38 名，这一点完全符合定向增发的规定，所以，益盟股份的股东人数在增发后的总股东人数远在 200 名以内的情况下，只在其增发完成后，向全国股转系统登记备案即可，而在事先，根本无须向中国证监会提出申请核准。

卖家点评：

1. 小微企业挂牌新三板时，如果实施定向增发，不仅要注意自身的股东人数，同时还要注意定向增发后变化的股东人数，若是超过了 200 名，应当事先向中国证监会申请核准，以免因此而导致增发失败，或引发纠纷。

2. 小微企业挂牌新三板时，如果实施定向增发，即使是在定向增发实施完毕后，股东人数也没有超过 200 人，但仍然不要忘记，应当及时向全国股转系统登记备案。

三、盈光科技：小本经营，接连定增

经典案例

从 2002 年成立，经过十几年的发展，随着新三板扩容，广州盈光科技股份有限公司于 2014 年 1 月 24 日成功在新三板挂牌，证券简称盈光科技，证券代码

为 430594。至 6 月，盈光科技决定挂牌时定向增发方案，拟向 7 名投资者定向发行股票 35.50 万股，每股 20.00 元，拟募集资金 710.00 万元，其中 110.00 万元用于广州盈光科技股份有限公司补充流动资金，600.00 万元用于增资全资子公司开平市盈光机电科技有限公司投资建设导光板项目。

这次定增，盈光科技取得了成功。但随着公司业务的不断扩展，盈光科技再次出现了资金的缺口，不得不在 2015 年 4 月 7 日公告，决定再次定向增发，拟每股 25.00 元发行不超过 80 万股，募集资金不超过人民币 2000 万元。发行对象定为公司董事、监事、高级管理人员及核心员工，合计不超过 35 名符合投资者适当性管理规定的自然人投资者、法人投资者及其他经济组织。

从两次盈光科技以定向增发的形式募集资金的情况看，每次的定增对象及股东人数均远远低于 200 人，因此，这两次的定增，盈光科技根本无须向中国证监会申请核准，只需定增完成后向全国股转系统登记备案即可。

另外，盈光科技因企业规模不大，所以，并不像那些新三板挂牌的投资公司一样，动辄定增几亿元甚至几十亿元的资金。盈光科技这种根据自身发展需求的融资方式与规模，也恰好体现了新三板市场成立的初衷。

卖家点评：

1. 小微企业在新三板挂牌后，既可以选择在挂牌的同时定向增发，也可以在挂牌后实施定增，但定增的资金规模应当以企业发展需求而定，不可过于追求越多越好，否则很容易引发资金募集后的闲置，降低资金利用率及盈利率。

2. 小微企业在以定向增发方式募集资金时，应当考虑到企业的股东人数，包括定增前与定增后，一旦发现股东人数超过了 200 人，应当及时向中国证监会申请核准，获准后再行实施。

第二节　发行中小企业私募债

一、中小企业私募债

中小企业私募债属于私募债的发行，不设行政许可。考虑的是发行前由承销商将发行材料向证券交易所备案，备案是为了让市场组织者的交易所知晓，以便于统计检测，同时备案材料可以作为法律证据，但这并不意味着交易所对债券投资价值、信用风险等形成风险判断和保证。

中小企业私募债的投资者将实行严格的投资者适当性管理，在风险控制措施方面，将采取严格的市场约束，而且要求券商在承销过程中进行核查，发行人按照发行契约进行信息披露，承担相应的责任。同时，投资方和融资方在契约上比较灵活，可以自主协商条款，采取提取一定资金作为偿债资金、限制分红等条款（见图 3-2）。

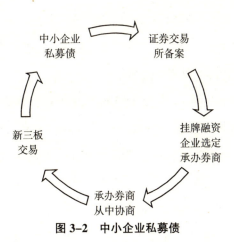

图 3-2　中小企业私募债

中小企业私募债在发行审核上率先实施"备案"制度，接收材料至获取备案同意书的时间周期在 10 个工作日内。因此，中小企业私募债是一种便捷高效的融资方式，审批周期快，私募债的综合融资成本比信托资金和民间借贷低。所以，是新三板挂牌企业的一种快速融资的方式。

延伸阅读：什么是私募融资？

私募融资是指不采用公开方式，通过私下与特定的投资人或债务人商谈，以招标等方式筹集资金，其形式多样，取决于当事人之间的约定，比如向银行贷款、获得风险投资等。

私募融资分为私募股权融资与私募债务融资。

私募股权融资是指融资人通过协商、招标等非社会公开方式，向特定投资人出售股权进行的融资，包括股票发行以外的各种组建企业时的股权筹资和随后的增资扩股。

私募债务融资是指融资人通过协商、招标等非社会公开方式，向特定投资人出售债权进行的融资，包括债券发行以外的各种借款。

经典案例

中航百慕新材料技术工程股份有限公司是一家主要从事为涂料产品的研发、生产、销售和涂装工程施工业务的企业。

2008年，公司开始改制，并于2009年7月1日，作为中关村企业园区的企业，中航百慕新材料技术工程股份有限公司在中关村代办股份转让系统正式挂牌，当时证券简称为百慕新材，证券代码为430056，后来又更名为中航新材。

新三板挂牌后，中航新材通过参与资本运作，提升了企业知名度，规范了企业管理行为，并通过股权激励模式提升骨干员工的创业积极性，曾多次以定增的方式融资，接下来的2012年，中航新材发行了额度为2000万元的中小企业私募债，利率为8.5%。

在2015年5月23日决定发行中小企业私募债券后，中航新材准备申报材料、上交所申报备案，6月12日债券即全部发行完毕且资金全部注入。此次中航新材发行中小企业私募债，是由中信建投证券承销，然后在新三板进行发行的。仅仅从时间上，从开始准备到债券发行完毕获得融资，全程才用了20多天，堪称高效。

中航新材因此也成为了首批获得上海证券交易所发行中小企业私募债券备案的企业，也是第二家在上交所完成债券发行的企业。

卖家点评：

1. 挂牌新三板的企业在决定发行中小企业私募债后，一定要先及时向证券交易所备案，以作为法律证据。

2. 挂牌新三板的企业在发行中小企业私募债过程中，可约定利率等，并找到第三方担保，这样更有助力于发行的顺利进行。

二、企业发行中小企业私募债的注意事项

企业在新三板挂牌后，如果想要发行中小企业私募债，应当注意以下几个方面：

（1）根据中国人民银行对民间信贷不超过同期贷款利率4倍的规定，应对所发行私募债的利率根据当时的同期贷款利率来定，不得超过上限。

（2）中小企业私募债发行的规模不受净资产的40%的限制。只是企业需提交最近两年经审计财务报告，但对财务报告中的利润情况无要求，不受年均可分配利润不少于公司债券1年的利息的限制。企业可灵活设计融资规模、发行期限、含权条款等债券要素。

（3）买卖双方需在上交所固定收益平台和深交所综合协议平台挂牌交易或证券公司进行柜台交易转让，发行、转让及持有账户合计限定为不超过200个。

（4）在资金用途上，中小企业私募债的募集资金用途不作限制，募集资金用

途偏于灵活。企业可用来直接偿还债务或补充营运资金，不需要限定为固定资产投资项目。

（5）根据《业务指南》，私募债券面值为人民币 100 元，价格最小变动单位为人民币 0.001 元。私募债券单笔现货交易数量不得低于 5000 张，或者交易金额不得低于人民币 50 万元。私募债券成交价格由买卖双方在前收盘价的上下 30% 之间自行协商确定。私募债券当日收盘价为债券当日所有转让成交的成交量加权平均价；当日无成交的，以前收盘价为当日收盘价。

延伸阅读：中小企业私募债有什么特点？

（1）发行主体门槛低。中小企业私募债的监管机构是证券交易所，审核采用较为宽松的备案制，发行主体定位于在境内未上市的符合工信部相关规定的非地产、金融类的小微企业，对发行企业的净资产与盈利没有强制性要求。

（2）对参与的投资者限制少。只要符合证券交易所规定的私募债权合格投资者资格的投资者，均可参与中小企业私募债的投资。

（3）对评级和审计的要求宽松。不做强制的信用评级要求，鼓励小微企业采取担保、商业保险等措施，备案时企业只需提供审计的最近两个完整的会计年度的财务报告即可。

经典案例

北京九恒星科技股份有限公司是一家软件产品及互联网信息技术服务的提供商，成立于 2000 年，一直致力于通过互联网信息技术的应用，帮助企业改善现金流，在金融机构与企业之间架起桥梁。

由于北京九恒星科技股份有限公司属于中关村科技园的高科技企业，因此在 2008 年进行了股份制改造，2009 年在全国中小企业股份转让系统挂牌，证券简称为九恒星，证券代码为 430051。

在其后的 2012 年，公司决定发行中小企业私募债，这也是新三板推行中小企业私募债开始时，九恒星赶上了好的时机。

据九恒星当时的公告显示，北京九恒星科技股份有限公司 2012 年中小企业私募债券的债券简称为：12 九恒星，债券代码：118009，发行总额：人民币 1000 万元。本期债券的期限为 18 个月，本期债券的票面利率为 8.5%，债券登记日：2012 年 12 月 10 日，除息交易日：2012 年 12 月 11 日，债券付息日：2012 年 12 月 11 日。还本付息方式：本期债券采用单利按月计息，不计复利。自 2012 年 12 月 11 日起每半年付息一次，到期一次还本，最后一期利息随本金一起支付。

利息方面，本期债券票面利率为 8.5%，每手面值 1000 元的本期债券派发利息为 42.50 元。（含税）扣税后，个人、证券投资基金债券持有人实际每 1000 元派发利息为 34.00 元；扣税后非居民企业（含 QFII、RQFII）债券持有人实际每 1000 元派发利息为 38.25 元。

本期债券付息对象：截至 2012 年 12 月 10 日深圳证券交易所收市后，在中国证券登记结算有限责任公司深圳分公司在册的全体债券持有人。2012 年 12 月 10 日买入本期债券的投资者，享有本次派发的利息；2012 年 12 月 10 日卖出本期债券的投资者，不享有本次派发的利息。

付息办法：本公司将委托中国结算深圳分公司进行本次付息。在本次付息日两个交易日前，本公司会将本期债券本次利息足额划付至中国结算深圳分公司指定的银行账户。中国结算深圳分公司收到款项后，通过资金结算系统将本期债券的本次利息划付给相应的付息网点（由债券持有人指定的证券公司营业部或中国结算深圳分公司认可的其他机构）。

此次九恒星发行中小企业私募债，是由中信建投证券股份有限公司承销、由北京中关村科技担保有限公司提供担保的，在深圳证券交易所备案后，其发行的中小企业私募债面值为 100 元人民币，总共发行人民币 1000 万元，达到了最低 50 万元人民币的要求，且规定了利息等细则，符合要求，因此，在深圳证券交易所备案后，即开始了发行。

在新三板通过发行中小企业私募债后，公司以中小企业私募债得到的资金用于公司的流动和发展，在北京、上海、深圳、内蒙古及多个省市设有子公司及办事处，成为了国内资金管理软件及互联网信息增值服务市场的领先者。

卖家点评：

1. 小微企业在发行中小企业私募债时，一定要事先给定好债券的利息，以及偿还日期与付息时间，以免因此而产生日后的纠纷。

2. 小微企业在发行完中小企业私募债后，一定要严格按照发行时的承诺或约定去兑现，如果企业此时资金出现缺口，应当通过其他方式另行集资，而不能再追加其他任何条约。所以，发行中小企业私募债，对企业本身也是一种动力，而担保公司也要在担保时看清企业未来发展与成长的内核。

三、鸿仪四方：信誉为本，接连发行中小企业私募债

经典案例

北京鸿仪四方辐射技术股份有限公司成立于 2003 年，主要为客户提供 γ 射线辐射加工技术服务。为了向资本市场接壤，更好地发展，北京鸿仪四方辐射技术股份有限公司在 2011 年 9 月进行了公司改制，由中信建投证券股份有限公司推荐，于 2012 年 4 月 18 日在中关村股份报价转让系统正式挂牌，证券简称为鸿仪四方，证券代码为 430119。

2012 年 7 月 31 日，鸿仪四方向深圳证券交易所进行了备案，深圳证券交易所同意鸿仪四方在本所发行中小企业私募债券。此次，鸿仪四方所发行的中小企业私募债券的证券代码为 118013，证券简称为 12 鸿仪债，发行总额 2000 万元，每张债券面值 100 元人民，并按面值发行，票面利率 8.00%，债券期限 24 个月。

本次发行中小企业私募债，鸿仪四方选择了中信建投证券股份有限公司为承销商与发行人，而为了发行的顺利，鸿仪四方还邀请了北京市射线应用研究中心为公司本期私募债券发行提供全额无条件不可撤销的连带责任保证担保。

从此次鸿仪四方发行中小企业私募债券来看，其无论从债券面值或总会值，以及利率等，均符合要求，但鸿仪四方依然对此次发行中小企业私募债后公司募集到的资金去向，在公告中做了说明，全部用于公司的流动性。这说明，公司在正常合法经营之下，是由于资金流动性出现了问题，因此才有此次的募集。

债券到期后，鸿仪四方顺利实施了赎回。而在资金得到保障后，鸿仪四方才得以顺利研发技术，不断发展公司。而有了这次发行中小企业私募债券的成功经历后，当 2014 年到来，鸿仪四方遇到流动性不足时，再次成功发行了中小企业私募债券，所不同的是，此时鸿仪四方是按分期的方式进行的，（第一期）证券代码为 118303，证券简称为 14 鸿仪 01，发行总额 2680 万元人民币。

第一次中小企业私募债券，让鸿仪四方有了经验，流动性资金得到了补充，公司得到顺利发展，同时，第一次发行的中小企业私募债券到期后的成功赎回，也在投资者心中留下了良好的印象，这为鸿仪四方其后的再次发行中小企业私募债券打下了一个好的基础。

延伸阅读：什么是违约风险？

违约风险又称信用风险，是指证券发行人在证券到期时无法还本付息而使投资者遭受损失的风险。它是银行贷款或投资债券中发生的一种风险，指的是固定收益证券的本金或利息不能被足额支付的可能性，包括部分或全部初始投资不能收回的不确定性。因此，违约风险越高，投资者则要求发行人为高风险支付更多利率。新三板挂牌公司为了募集资金发行中小企业私募债券，正是为了将这种风险控制在最低，所以才经常会有担保公司出现，但担保公司在担保时，一定要对所担保的企业进行预估。

卖家点评：

1. 作为以发行中小企业私募债方式进行融资的小微企业，提高利率是其能够顺利和快速实现发行的主要方式，但最好应当找一家公司来担保。

2. 投资者投资证券时，不要只以债券的利率高低来作为主要参考，应当考虑到公司的经营能力，以及偿还能力，甚至是担保公司的信誉等其他约定。

第三节　股权质押

一、什么是股权质押

股权质押又称为股权质权，是指出质人以其所拥有的股权作为质押标的物，因此而设立的质押。按照目前世界上大多数国家有关担保的法律制度的规定，质押以其标的物为标准，可分为动产质押和权利质押。股权质押就属于权利质押的一种。因设立股权质押而使债权人取得对质押股权的担保物权，为股权质押。

当小微企业在新三板挂牌后，公司的股票价格和流动性都会有显著的增强。因此，挂牌企业的股东可以将所持的股票抵押给银行，并向银行借款。股东以其持有挂牌公司股票为挂牌公司借款提供质押也是可行的。股权质押贷款、借款也是挂牌新三板企业融资的一种重要途径。

延伸阅读：股权质押有什么限制？

根据《中华人民共和国担保法》第 75 条第 1 项规定，"依法可以转让的股份股票"才可以设立质押。因此，质押时，股票的可转让性是对股权可否作为质押标的物的唯一限制。

然而，遵照《中华人民共和国担保法》第 78 条第 3 款，对有限责任公司的股权出质，应"适用公司法股份转让的有关规定"。《中华人民共和国公司法》（2005 年修订）第 72 条，对有限责任公司股东转让出资作了明确规定。

（1）股东向作为债权人的同一公司中的其他股东以股权设质，不受限制。

（2）股东向同一公司股东以外的债权人，以股权设质时，必须经过其他超过半数以上的股东同意，方可投质。并且，这种同意必须是以书面形式（股东会议决议）的形式作成。

（3）在第（2）种情形中，如果半数以上的股东不同意，又不购买该出质的股权，则视为同意出质。但即使是这种情形，也必须作成股东会决议，并且应在股东会议中明确限定其他股东行使购买权的期限，期限届满，明示不购买或保持缄默的，则视为同意出质。

对股份有限公司，参考《中华人民共和国公司法》第 147 条之精神，可以认为：

（1）发起人持有的该公司股份，自公司成立之日起三年内不得设立质权。

（2）公司董事、经理、监事持有的公司股份，在其任职内不得设立质权。

外商投资企业股权质押和外商投资股份有限公司的投资者，以其拥有的股权为标的物而设立质押时，应当遵照《外商投资企业投资者股权变更的若干规定》：

（1）外商投资企业的投资者以其拥有的股权设立质押，必须经其他各方投资者同意。若有一个股东不同意，即不能出质。不同意的股东即使不购买，也不能视为同意出质。

（2）投资者用于出质的股份，必须是已经实际缴付出资的。

（3）除非外方投资者以其全部股权设立质押，否则，外方投资者以股权出质的结果，不能导致外方投资者的比例低于企业注册资本的 25%。

案例精选

2010 年 11 月 18 日，北京中讯四方科技股份有限公司成功挂牌新三板，成为中关村科技园区内的第 75 家挂牌企业，股份简称为中讯四方，证券代码为430075。

在公司挂牌新三板后的 2011 年，资金出现了短缺，为了快速得到融资，以用于公司的研发与生产，2011 年 5 月 23 日公司召开了第一届第五次董事会决议，并决定向杭州银行北京中关村支行申请为期一年的 800 万元人民币授信贷款，而这笔贷款以董启明董事长及张敬钧总经理分别持有的 3149693 股（占公司总股本 15.75%）和 3149693 股（占公司总股本 15.75%）公司股份作为质押担保。

经查，董启明持有的公司 2362270 股为有限售条件股份，787423 股为无限售条件股份，张敬钧持有的公司 2362270 股为有限售条件股份，787423 股为无限售条件股份，且两人持有的股份股权清晰，没有股权纠纷，因此，杭州银行北京中关村支行同意了中讯四方的请求，二人随后在中国证券登记结算有限责任公司深圳分公司办理了股权质押手续，并取得了《证券质押登记证明》。

其后，中讯四方从杭州银行北京中关村支行贷出了 200 万元人民币，尽管公司从银行贷出的款较公司的实际预算少了许多，但毕竟解了公司流动性不足的燃眉之急，以至于在 2013 年，公司为了实现发展，通过新三板市场实施了一次以每股 7.46 元的定向增发，共获配了 114 万股。

卖家点评：

1. 小微企业在挂牌新三板之前，可依法办理股权质押贷款，但须履行必要的内部决议程序，签署书面质押合同，办理工商登记手续，只要不存在股权纠纷和其他争议，即可进行股权质押贷款。

2. 小微企业挂牌后，公司可依法办理股权质押贷款，但需按照中国证券登记结算有限责任公司的要求，办理股票质押手续及证明，并且，股权质押后，公司不得再以任何形式转让在押期的股份。

二、中山鑫辉：业绩凸显股权价值，质押融资

经典案例

中山鑫辉精密技术股份有限公司，是广东省中山市最大的集设计与制造于一体的五金精密加工厂之一，在全国的同行业里，占据着领先的地位。

公司成立于 2009 年 7 月 12 日，经历数年发展后，2015 年 1 月 22 日，中山鑫辉精密技术股份有限公司成功在新三板挂牌，证券简称为鑫辉精密，证券代码为 813818。

在新三板挂牌后，鑫辉精密为了获得更多的企业发展资金，于 2015 年 9 月 11 日，由董事会公布了《关联交易公告》、《股权质押公告》。公告称，2015 年 8 月 27 日，本公司与张菊珍在中山签订协议，交易标的为张菊珍为公司向中国银行中山分行申请银行贷款无偿提供 2000 万元最高质押担保。

张菊珍为鑫辉精密的公司股东，持有 8400 股公司股份，占当时公司总股本 21000 股的 40%，本次关联交易中，张菊珍以其持有的 6000 股为公司贷款提供质押担保；本次交易构成了公司的关联交易。

根据《中山鑫辉精密技术股份有限公司章程》的相关规定，关联股东回避表决。关联方为公司向中国银行申请贷款提供股权质押担保，能够解决公司向中国银行贷款所需的股权质押担保问题，支持了公司的经营发展，因此，此次担保免于支付担保费用，不会对公司和全体股东的利益造成损害。

质押期限为 2015 年 8 月 27 日起至 2025 年 12 月 31 日止。质押股份用于银行贷款，质押权人为中国银行股份有限公司中山分行，质押权人与质押股东不存在关联关系。本次股权质押用于融资，不存在结合其他资产抵押或质押等情况。质押股份已在中国结算办理质押登记，并获得了证明。

经核查，2015 年 10 月，此次鑫辉精密质押的公司股份，股权清晰，符合质押要求，中国银行中山分行于是在鑫辉精密质押股权 600 万股的条件下，办理了中山第一笔新三板股权质押业务，向企业发放了 1200 万元的贷款。

从发放实际质押贷款的金额上看，鑫辉精密此次质押贷款所得到的金额要远远高于中讯四方，原因是鑫辉精密毕竟所在地是中山发达地区，再者，鑫辉精密质押贷款时，正好逢了新三板挂牌企业刚刚出现不久，而中国银行中山分行看重的并不是鑫辉精密质押的股权价值，而是企业未来的成长性，而鑫辉精密公布的财务指标也显示，公司有着持续增长的动力，业绩始终处于持续上升的状态。因此，鑫辉精密才得到了中国银行中山分行的青睐。

延伸阅读：什么是股票质押回购？

股票质押回购是股票质押式回购交易的简称，是指符合条件的资金融入方以所持有的股票或其他证券质押，向符合条件的资金融出方融入资金，并约定在未来返还资金、解除质押的交易。

融入方是指具有股票资质、押融资需求，且符合证券公司所制定资质审查标准的企业。

融出方包括证券公司、证券公司管理的集合资产管理计划，或定向资产管理客户、证券公司资产管理子公司管理的集合资产管理计划，或定向资产管理者。

卖家点评：

1. 在股权质押过程中，新三板挂牌企业一定要考虑到公司未来发展的规划，以及企业在约定的还款期是否有能力偿还。

2. 在股权质押过程中，出资方一定要对公司所质押的股权有一个合理的价值评估，而且要对企业的股权融资所有可能带来的风险提高警惕，比如股票价值风险，以及企业成长所带来的风险。

第四节　增加银行授信

一、银行授信

新三板挂牌企业纳入中国证监会统一监管，履行了充分、及时、完整的信息披露义务，信用增进效应较为明显。企业在新三板挂牌后，声誉得到了提升，管理得到规范，财务信息公开透明，信息披露准确及时，这为银行增加企业贷款授信额度具有积极促进作用。这使得企业授信额度提高，自然从银行等渠道筹集资金的能力增强，从银行贷款的资金可以增多。

2013 年 12 月 20 日，全国股转系统与中国工商银行、中国银行、中国农业银行、中国建设银行、交通银行、兴业银行、光大银行七家商业银行签署了战略合作协议，这七家商业银行为新三板挂牌公司和拟挂牌公司提供定向授信额度等服务（见图 3-3）。

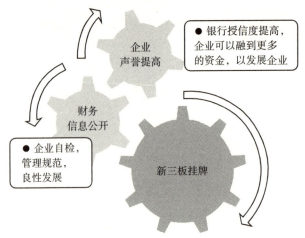

图3-3　企业在新三板挂牌后可增加银行授信额度

延伸阅读：什么是银行授信？

　　银行授信是指商业银行向非金融机构直接提供的资金，或者对客户在有关经济活动中可能产生的赔偿、支付责任做出的一种保证，包括贷款、贸易融资、票据融资、融资租赁、透支及各项垫款等业务，以及票据承兑、开出信用证、保函、备用信用证、信用证保兑、债券发行担保、借款担保、有追索权的资产销售和未使用的不可撤销的贷款承诺等表外业务。简单而言，银行授信是指银行向客户直接提供资金支持，或对客户在有关经济活动中的信用向第三方作出保证的行为。

案例精选

　　2015年9月7日，由保荐机构海南中汇创业投资管理有限公司推荐的5家企业：海口汇美洁环保科技有限公司、海南森谷咖啡有限公司、湖南天惠油茶开发有限公司、儋州绿福鲜农业发展有限公司及海南村联网络科技有限公司，在海南股权交易中心集体挂牌上市。

这 5 家地方企业的集体挂牌，属于地区性挂牌，并非在全国股权交易系统挂牌，因此，这 5 家企业挂牌海南股权交易中心后，其他股权交易只能通过海南股权交易中心来委托办理，但这并不影响这 5 家企业的市场融资。

海口汇美洁环保科技有限公司、海南森谷咖啡有限公司、湖南天惠油茶开发有限公司、儋州绿福鲜农业发展有限公司及海南村联网络科技有限公司 5 家企业，经营的行业涉及节能环保、现代农业、连锁经营、互联网及电子商务等领域。在实现海南股权交易中心挂牌的同时，这 5 家企业又得到了澄迈长江村镇银行的授信，并为这 5 家企业发放了一共 1500 万元银行授信贷款，每家企业达300 万元。

企业挂牌新三板，哪怕是挂牌地方性股权交易中心，其目的自然是融资，得到资金的支持来发展企业，但企业自身所处的行业，以及未来发展潜力，往往也会得到某些银行的信任，从而会为它们发放授信贷款，海口汇美洁环保科技有限公司、海南森谷咖啡有限公司、湖南天惠油茶开发有限公司、儋州绿福鲜农业发展有限公司及海南村联网络科技有限公司这 5 家企业就是很好的证明。

卖家点评：

1. 小微企业要想获得银行的授信，就必须用企业自身的发展来证明，只有信誉良好、未来发展有潜力的小微企业，才会获得银行的授信。

2. 挂牌企业要想获得银行的授信，最好是选择那些在企业身边的地方银行的分支机构，因为这些银行机构更了解企业，授信的可能性更大。

二、金山顶尖：企业信誉良好，银行主动授信融资

经典案例

北京金山顶尖科技股份有限公司是一家以应用软件开发、计算机信息系统集成及信息技术服务为主要业务的企业。公司成立后，于 2010 年 3 月在新三板挂牌成功，证券简称为金山顶尖，证券代码为 430064。此时，正好赶上了民生银行推出了"新三板主动授信业务"，金山顶尖有幸成为了民生银行推出这一活动的首批试点企业之一。

在给予金山顶尖公司授信前，银行与公司进行了充分的接触和了解，并要求企业为它们提供公司的经营业绩指数等相关材料，再加上，公司属于高科技企业，在新三板挂牌的时候，已经经过了各方面的审查，企业信息的公开性和透明度较大。

另外，金山顶尖在之前曾出现几起贷款，因为公司是轻资产的科技公司，因此当时都是车辆、房产等实物质押类的贷款，但公司到期后都能按照约定还款，因此公司的信誉是较高的。

至 2011 年 8 月，民生银行成功为北京金山顶尖科技股份有限公司给予了授信，贷款给公司数百万元人民币。因当时，民生银行不只是针对北京金山顶尖科技股份有限公司进行授信贷款，另外还有其他中关村企业，而加起来，此次民生银行推出的"信贷创新中关村"系列活动中的"新三板企业主动授信业务"中，共为 55 家中关村科技园挂牌企业提供了 5.36 亿元的无抵押、免担保的主动授信。

由此可见，北京金山顶尖科技股份有限公司等中关村 55 家公司，之所以能够顺利得到民生银行的授信贷款，关键在于其当时是新三板的挂牌企业，又有着良好的经营能力与企业信誉，因此才获得了银行提供的无抵押、免担保的授信贷款。

延伸阅读：什么是银行授信评级？

银行授信评级是银行在对企业授信之前对企业的财务状况、生产运营情况、贷款用途、偿还贷款能力，以及贷款收益等项目进行综合考察与客观分析后，对企业进行信用等级评定。银行授信评级可以保证商业银行资金的安全性，提高商业银行资金的收益性，可以简化贷款程序，提高业务效率。

目前，大部分商业银行在授信评级上分为 10 级：AAA、AA、A；BBB、BB、B；CCC、CC、C；D。银行授信评级的高低，直接关系到企业能够从银行贷到资金的多少。

卖家点评：

1. 新三板挂牌企业，在登陆新三板后，应当严格按照规定进行相关信息披露，从而才能够获得银行的持续信任，有助于得到银行授信贷款。

2. 即将在新三板挂牌的企业，在向银行申请授信贷款时，应当主动向银行多提供企业的相关资料，尤其是企业未来发展的规划，以及持续发展的经营状况，因为银行不是慈善机构，是以稳健投资为目的对挂牌企业进行授信贷款的。

第四章　小微企业新三板挂牌时的条件

第一节　存续企业

一、什么是存续企业

企业通过改制重组以后，以集团公司或母公司的形式存在的未上市企业；或是企业通过兼并其他目标企业加入本企业后，目标企业解散，接纳企业继续存在的，称为存续企业。

由此可见，企业成为存续企业的手段是兼并与重组，核心是未上市的企业，如图 4-1 所示。

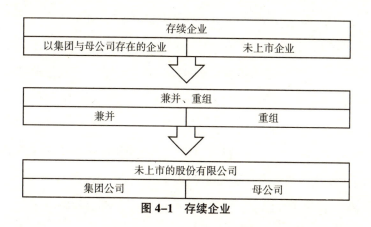

图 4-1　存续企业

延伸阅读：什么是国有存续企业？

20世纪90年代以来，为了推动和加快国有企业的改革与改制，满足企业上市的各项要求，以及尽快让国有企业上市融资，解决国有企业后续发展急需的资金问题，国有企业较为普遍地采用了存续分立改制方式，就是将企业的核心业务及相关优良资产进行剥离、重组、改制上市。国有企业通过存续分立改制方式上市后，以集团公司或母公司的形式存在的未上市企业叫作国有存续企业。

案例精选

芜湖市汽车制动阀厂属原中国汽车工业公司定点生产汽车制动元器件的专业骨干企业，是全国汽车零配件双百推展工作委员会的成员单位。企业主要生产和经营汽车及工程机械气制动元器件、真空助力器和液压制动湿式元器件十几个系列400多种产品，主要为国内汽车、工程机械承担一级配套和二级维修，部分产品随整机出口。

从最初的企业来看，属于集体企业，但为了适应资本市场运营，募集到更多的资本寻求发展，企业后来根据2002年7月6日，芜湖市人民政府发布的芜政〔2002〕13号《批转市经贸委关于进一步加快我市中小企业改革发展的若干政策意见的通知》文件，芜湖市汽车制动阀厂以兼并重组的方式，改为芜湖盛力制动有限责任公司，成为了一家有限责任公司，而因为企业一直位于芜湖经济技术开发区，在后来，企业又以兼并重组的方式，在2012年1月18日改为盛力科技股份有限公司。

完成体制上的改变后，盛力科技股份有限公司提出了新三板挂牌的申请，因公司各方条件均符合要求，并成为了存续企业，在2014年1月24日得到了获准，成功在新三板实现挂牌，证券简称为盛力科技，证券代码为430477。

卖家点评:

1. 企业如果想在新三板挂牌,就必须成为存续企业,这样才能够获准。

2. 企业挂牌新三板前,如果打算挂牌新三板,就要先做到改制,然后再满足其他条件,方可申请。

二、企业的存续期限

当企业通过兼并、重组,实现改制,成为存续企业后,并不表示就一定是符合要求了,因为仅从改制而言,必须是存续期达到满两年。如果企业也进行了改制,成为了存续企业,但是期限不足两年时,同样不能在新三板挂牌(见图4-2)。

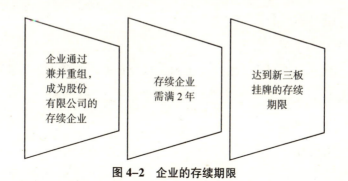

图4-2 企业的存续期限

延伸阅读: 股份有限公司和有限责任公司有什么区别?

1. 出资额不同

有限责任公司注册资本的最低限额为3万元,股份有限公司注册资本的最低限额为500万元人民币。

2. 出资方式不同

有限责任公司，股东应当按照其在发起人协议和公司章程中认购的出资数额足额缴付出资。股东如不按期缴付所认缴的出资，应当向已出资的其他股东承担违约责任。股份有限公司发起设立时，公司章程中载明的公司全部资本，必须在公司设立时全部发行，并由发起人全部认购。以募集设立方式设立公司的，发起人认购的股份不得少于公司股份总数的 35%，其余股份应向社会公开募集。

3. 股东人数限制不同

有限责任公司由 50 个以下的股东共同出资设立；而股份有限公司则无人数限制。

4. 股东责任不同

有限责任公司的股东，就其出资额对公司债务承担责任；股份有限公司的股东，就其认购的股份对公司负责。

5. 股东权利不同

股份有限公司，股东的表决权原则上按股计算，每股有一票表决权；有限责任公司是按人计算，每位股东只有一票表决权。

6. 股份转让不同

有限责任公司，股东之间可以相互转让其全部出资或部分出资，股东向股东以外的人转让出资时，必须经股东会决议通过；股份有限公司，其股票公开发行后，可以自由转让，但根据《中华人民共和国公司法》规定，股份有限公司的发起人持有的本公司的股份，自公司成立之日起 3 年内不得转让。公司董事、监事、经理应当向公司申报所持有的本公司的股份，并在任职期间内不得转让。

案例精选

上海鸿图建筑设计股份有限公司，最早成立时即为股份公司，是在 2009 年 9 月 2 日，由姚玉麟、任飞、赵起航、王义林、杨国豪等人共同发起成立的。

在 2011 年 5 月 23 日，公司召开了临时股东大会，同意任飞辞去董事职务。2012 年 1 月 19 日，任飞和姚玉麟签订股权转让协议，任飞将其名下持有的公司 78 万股（占总股本的 13%）按照 1088596.83 元的价格转让给姚玉麟，每股价格为 1.3956 元。就本次股权转让变更，公司修改了公司章程，并在 2012 年 7 月 10 日，经上海市工商行政管理局核准了股份公司的此次变更。

在明晰了股权及主营业务的同时，公司又为结存企业，并早已满 4 年，因此经券商推荐，在 2014 年 5 月 6 日成功登陆了新三板，证券简称为鸿图建筑，证券代码为 430722。

卖家点评：

1. 企业在挂牌新三板前所进行的股份制改造，一定要在改造完，成为满两年的存续企业后再去申请，否则，即使企业完全符合要求，但如果存续期不足两年的话，同样会遭遇失败。

2. 在成为存续企业的改制过程中，企业应当明白，改制不只是形式上的改变，而且是为了更好地让企业能够合规、合法地健康发展，这样才能做到规范化要求自身。

三、新三板"第一股"：九鼎集团，"东方不亮西方亮"

经典案例

同创九鼎投资管理集团股份有限公司是一家专业的私募股权投资管理机构，主营业务是私募股权投资管理，是一家为基金出资人提供股权投资方面的理财服务的企业。

公司成立于2010年12月，外界习惯称为九鼎投资，但实质上，同创九鼎投资管理集团股份有限公司是上市公司九鼎投资（股票代码600053）的母公司。

由于自身的发展需求，上市一直是母公司的一个重要目标，但公司没有选择整体上市，而一直选择单独登陆主板。从业绩等看，公司均符合上市要求，但体制上仍然存在问题，虽然从2010年公司成立时来看，已经是以集团公司的形式出现了，但却一直是有限公司，为此，公司开始了向股份公司的改制，召开了股东会议，形成了改制的文件，并对公司的资产进行了清理与核查，使得公司控股持有总公司1069.03万股，占比85.52%，为公司控股股东；吴刚、黄晓捷、吴强、蔡蕾、覃正宇等为实际控制人。公司注册资本1000万元，实收资本500万元，整体变更时，经审计，净资产为2000万元，全部折为2000万股。

做完这些具体工作后，公司在2013年12月由工商行政部门批准，改为股份制公司，即同创九鼎投资管理集团股份有限公司，然后向主板提出了上市申请，不想，同创九鼎投资管理集团股份有限公司却出现了主板市场IPO的失败，但因公司是按上市要求来进行改制和重组的，因此，当公司转战新三板后，顺利得到了中国证监会的审核，于2014年4月29日正式在全国中小企业股份转让系统挂牌，开始公开转让股权。证券简称为九鼎集团，证券代码为430719。

在新三板挂牌的同时，九鼎投资以每股610元的"天价"定向增发579.8万股，融资规模达到35.37亿元。通过本次定增，九鼎投资净资产将达到35.48亿元。因此，无论从净资产规模上，还是市值来说，九鼎投资都成为了新三板市场上的第一股。

延伸阅读：企业改制的步骤

（1）制定企业改制方案，并形成有效的股东会决议。

（2）清产核资。

主要是对企业的各项资产进行全面清查，对企业各项资产、债权债务进行全面核对查实。清产核资的主要任务是清查资产数额，界定企业产权，重估资产价值，核实企业资产。从而进一步完善企业资产管理制度，促进企业资产优化配置。

（3）界定企业产权。

主要是指企业国有资产产权界定。企业国有资产负有多重财产权利，权利结构复杂，容易成为纠纷的源头，所以需要对其进行产权界定。企业产权界定是依法划分企业财产所有权和经营权、使用权等产权归属，明确各类产权主体的权利范围及管理权限的法律行为。

（4）资产评估。

资产评估必须经由认定资格的资产评估机构，根据特定目的，遵循法定标准和程序，科学对企业资产的现有价值进行评定和估算，并以报告形式予以确认。资产评估要遵循真实、公平、独立、客观、科学、专业等原则。其范围既包括固定资产，也包括流动资产；既包括无形资产，也包括有形资产。其程序包括申请立项、资产清查、评定估算和验证确认等几个步骤。

（5）财务审计。

资产评估完成后，企业应聘请具有法定资格的会计师事务所对企业改制前三年的资产、负债、所有者权益和损益进行审计与确认。

（6）认缴出资。

企业改制后认缴的出资额，是企业经评估确认后的净资产的价值，既包括原企业的资产换算，也包括新认缴注入的资本。

（7）申请登记。

登记既可以是设立登记，也可以是变更登记。工商行政管理部门对符合法律规定的公司予以登记，并发放新的营业执照。营业执照签发的日期为企业或公司成立的日期。

卖家点评：

1. 企业在重组改制时，一定要按照新三板挂牌企业的要求，首先成为满两年的存续企业，并改制为股份公司。

2. 企业在改制时，涉及财务、出资、资产等方面的问题，一定要选择国家认可的有相关资质的机构评定和确认，并形成书面文件，方具有法律效力。

第二节　主营业务

一、主营业务突出

最初，新三板挂牌条件中明确规定要"主营业务突出"，主营业务突出是指企业主要经营的业务是否高于其他，在审核企业的主营业务是否突出上，据中国证监会《关于股票发行工作若干问题的补充通知》（证监字〔1998〕8号）关于主营业务突出的界定标准问题规定，有着明确的规定："为了保证上市公司的质量，各地、各部门推选的企业必须主营业务突出。主营业务突出的具体标准是公司主营业务（指某一类业务）收入占其总收入的比例不低于70%，主营业务利润占利润总额的比例不低于70%。"如图4-3所示。

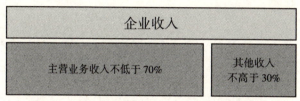

图 4-3 新三板挂牌条件中的"主营业务突出"

后来，考虑到许多小微企业挂牌新三板的目的是为了融资发展企业，因此，在 2012 年时，将企业申请新三板挂牌条件中的"主营业务突出"的条件改为了"业务明确"，因为很多小微企业（尤其是一些高科技企业），在申请挂牌时，或许会处于亏损状态，尚未实现盈利。

延伸阅读：什么是主营业务？

主营业务，是指企业为完成其经营目标而从事的日常活动中的主要活动，可根据企业营业执照上规定的主要业务范围确定，例如，银行的主营业务是贷款和为企业办理结算等。

如果要衡量一家企业的主营业务是否突出，可以从企业年报或半年报中，查看企业的主营业务盈利率，看其是否在企业收入中占有较大的比例。

案例精选

山东领信信息科技股份有限公司成立于 2010 年，主营软件与信息服务，公司研发的"野战政工嵌入式指挥系统"、"移动指挥系统"、"应急管理信息系统"等多个软件产品均具备自主知识产权。其中，"野战政工指挥系统"已经在济南军区 26 军防空旅、防化团、138 摩步旅等多个部队进行了试点列装。"柔性化劳动争议仲裁管理系统"填补了国内空白。

山东领信信息科技股份有限公司总资产 1301 万元，总股本 1000 万元。公司以基于 J2EE 体系结构的软件开发为主营业务。在定制开发基础上，业务延伸到了运营维护领域。公司定制开发客户主要集中在电子政务、企业信息化等领域。公司目前以山东省内市场为主。公司又主导成立了"日照市软件外包产业技术创新战略联盟"，并任理事长单位，为带动地方信息产业发展做出贡献。

在电子政务领域，公司为政府机构客户研发建设了政府微门户系统、安全生产综合监管应急救援指挥系统、劳动争议仲裁管理系统、民政信息采集系统、质效考核系统等政府信息化项目。

从山东领信信息科技股份有限公司的业务来看，公司主要是从事软件研发与信息服务，是山东省重点力推的团队，也是全国行业中的翘首，因此，在2014年公司申请挂牌新三板时，完全合乎业务明确的要求，所以当公司其他条件达标后，于2014年9月1日，在北京新三板正式挂牌，证券简称为领信股份，证券代码为831129，成为了山东省第一家实现做市交易的互联网软件企业。

卖家点评：

1. 小微企业只有拥有明确的业务，才会集中力量做好公司，如果公司业务过多又不分主次，次要业务在公司所占的比重超过了主营业务，说明公司未来发展方向出现偏差，即使挂牌新三板，未来也难有大的发展。

2. 拥有知识产权或著作权的小微企业，或是高科技企业，在发展之初，往往会出现业务单一化的情况，但只要业务突出，有持续经营能力，同样可以在挂牌新三板后向产业链纵深发展。

二、持续经营能力

持续经营是财务会计的基本假设或基本前提之一，是指企业的生产经营活动将按照既定的目标持续下去，在可以预见的将来，不会面临破产清算。

企业在新三板挂牌前，判定一家企业必须具备持续经营能力，即使是企业在之前的两个会计年的经营报表中，一直是处于亏损状态的，但只要是这种亏损出现了持续减少时，或是企业的利润在逐年增加时，则表示这家企业具备持续经营能力，或是企业的净利润出现了下滑，但这种下滑是有原因的，同样准予在新三板挂牌。

延伸阅读：什么情况为不具有持续经营能力？

企业在挂牌新三板时，如何判定企业不具有持续经营能力呢？只要具备以下四点中的一条，将被确定为这家企业不具有持续经营能力，不予在新三板挂牌：

（1）能在每一个会计期间形成与同期业务相关的持续营运记录。

（2）报告期连续亏损且业务发展受产业政策限制。

（3）报告期期末净资产额为负数。

（4）存在其他可能导致对持续经营能力产生重大影响的事项或情况。

案例精选

上海海积信息科技股份有限公司在申请挂牌新三板时，在主营业务明晰的情况下，经营却一直处于亏损状态。这从其2013~2015年的财务报表中可见，2013年、2014年、2015年1月，公司营业收入分别为2853065.86元、7757463.17元和2406215元，净利润分别为-3227530.22元、-3357411.76元、-1294687.04元，公司经营性现金流量净值分别为-6131245.95元、-7553068.66元、-4677867.82元，公司非经营性损益分别为100.78万元、200.89万元、1.43万元。

从以上数据可以看出，上海海积信息科技股份有限公司的经营能力是存在的，净利润出现了增加，而之所以公司处于亏损状态，是因为公司在不断加大研发。全国中小企业股份转让系统收到公司的挂牌申请后，即给予了回复：

根据公司的具体业务情况，公司所在的卫星导航定位行业，属于国家战略性新兴产业"高端装备制造产业"中的"卫星及应用产业"，受国家相关政策的鼓励和扶持，行业成长空间较大。随着卫星导航定位技术的逐步成熟和国家信息化建设的加快，我国国防、电力、交通运输、公共安全、通信、水利、气象、海洋渔业、森林防火以及抢险救灾等行业对卫星导航定位及相关终端产品的需求持续快速增长。从中长期来看，公司将伴随行业成长而不断发展壮大。

虽然公司目前规模尚小，但其在行业内具有一定的客户资源、技术研发、产品和服务等方面的优势。公司自成立以来一直坚持自主创新，拥有一支高素质研发团队，掌握了卫星导航定位终端产品的关键核心技术。公司能够提供较全规格的天线产品，在卫星导航定位领域已与行业内关键客户建立稳定合作关系；公司结合行业应用软件、GNSS 终端产品（包括 GNSS 天线、GNSS 高精度板卡）的智能驾培系统在驾考领域处于国内领先，使公司在市场竞争中占据明显优势地位。

报告期内，公司处于亏损阶段，主要是公司在高精度定位技术研发上投入了较多资源。公司所处的北斗卫星定位行业处于高投入培育型阶段，具有行业进入壁垒高、市场前景广阔等特点。因此，虽然公司报告期内阶段性亏损，但由于公司相关技术研发成功，并开始顺利实现产业化及销售，公司仍具有极大的市场发展前景……

在就其他材料进行补充修改后，上海海积信息科技股份有限公司在 2015 年 9 月 7 日，实现了正式在新三板挂牌，证券简称为海积信息，证券代码为 833521。

卖家点评：

1. 全国中小企业股份转让系统在判定申请挂牌的企业是否具有持续经营能力时，分析的多是企业的主营业务的未来发展如何，以及公司在主营业务的指引下，是什么原因造成的亏损。因此，企业申请新三板时，无须顾虑之前公司是否亏损。

2. 如果企业之前是因为原材料等价格增长造成的盈利减少，只要公司在行业中拥有市场占有率和持续盈利的能力，同样可以在新三板挂牌。

三、恒神股份：厚积薄发导致业绩持续亏损

经典案例

江苏恒神股份有限公司是中国最大的碳纤维企业，但在申请新三板挂牌前，公司财务却显示，2013 年和 2014 年，公司净利润分别为 528.17 万元与-25127.38 万元，很明显，在 2014 年当年，公司是亏损的，同时也影响了毛利率、净资产收益率、每股收益等各项与利润相关的财务指标，均变为了负数。

然而，2013 年和 2014 年，公司加权平均净资产分别为 1215303906.53 元、921648511.96 元，加权平均股本分别为 975000000.00 元、766666666.67 元，表明公司的净资产及股本均很大，而在收入暂未实现大规模兑现时，净资产收益率和每股收益均不高。

是什么原因导致公司出现了亏损呢？2013 年，公司因丹强丝等产品的销售，以及部分政府补助而产生少量利润。相关碳纤维系列产品项目当时尚在调试期，期间发生的相关成本如材料费用、人工费用、能耗、项目占用资金的利息以及产生的试生产产品收入等全部记入在建工程。2014 年，碳纤维一期、复合材料一期、公用工程一期、办公楼及工程中心等大量在建工程转为固定资产后，与项目对应的当年度大量支出、收入均在损益中体现出来，致使当年度业绩亏损，同时影响到了毛利率、净资产收益率、每股收益等财务指标转为负数。

基于碳纤维企业的生产特点，固定生产成本相对稳定，不会随产能增加而大幅增加，2014 年公司大量在建工程转为固定资产，产能尚未大规模释放，但大额固定生产成本已形成，使得碳纤维系列产品生产成本高于销售价格，尚未达到盈亏平衡。公司短期内仍存在盈利能力不足的风险。

然而，碳纤维行业的集中度非常高，复杂的工艺流程、高昂的研发费用以及较长的研发周期，使得国际上真正具有研发和生产能力的公司屈指可数。江苏恒神股份有限公司在确立了"原丝—碳纤维—织物—预浸料—树脂—复合材料结构设计制造技术服务"全产业链发展模式后，成为目前国内拥有单线千吨级生产线多，生产品种全，产能大、产业链完整的碳纤维企业，具备碳纤维产业各环节产品的设计制造、技术服务能力。一旦产能上大规模释放，未来的业绩可期。

这些也说明，江苏恒神股份有限公司自身是拥有明确的主营业务，与持续经营能力的，因此，在中信建投的推荐下，于2015年5月8日，正式在新三板挂牌，证券简称为恒神股份，证券代码为832397。

延伸阅读：什么是会计年度？

会计年度，也称为财务年度，英文为 Fiscal Year，英语缩写为 FY 或 fy。英国用法为 Financial Year。会计年度是指公司进行财务结算的执行年度，由连续 12 个历月构成。许多公司的财务年度与实际的日历年度不一致。为了方便账务处理，通常以 3 月底或 12 月底为财务年度结算期。

卖家点评：

（1）企业在申请新三板挂牌前，即使因扩大厂房、设备等生产经营性项目而导致的财务亏损，不能说明企业丧失了持续经营能力，因为一旦企业产能得以完全释放，这种亏损很快会被扭转过来，因此企业无须顾虑这一点会影响到新三板是否会挂牌。

（2）企业行业的周期性同样能够影响到企业的收入，因此，当所属行业为周期性较强的行业时，或是年度报表末期出现大笔投资导致的业绩亏损时，企业在挂牌新三板时同样不会影响到持续经营能力。

第三节　股权明晰，股票发行和转让行为合法合规

一、股权明晰

根据相关规定，拟在新三板上市的企业必须符合"股权明晰，股票发行和转让行为合法合规"的条件。其中，股权明晰是对拟挂牌新三板企业的一种基础性要求，对公司治理结构以及信息披露义务的履行，均具有促进作用。实践中出现了较多的诸如股权代持、国有股份转让等容易导致股权不明晰的情形，因此，在分类分析不同的容易导致股权不明晰的情形的基础上，应当根据《公司法》的相关规定，厘清各种法律关系，依法提出解决方案。

股权是指投资人由于向公民合伙和向企业法人投资而享有的权利。向合伙组织投资，股东承担的是无限责任；向法人投资，股东承担的是有限责任。所以二者虽然都是股权，但两者之间仍有区别。如图 4-4 所示。

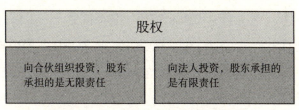

图 4-4　新三板挂牌条件中的股权明晰

延伸阅读：如何解决股权不明晰？

（1）大股东进行居中协调，召开公司股东会，推动股东会通过公司股份制改造决议、未确权股权托管决议。

（2）整理以往公司文献、记录、档案，通过查访、公告等寻找股东或股权受益人，为股权确权、股权托管提供基础，如确权不能达到8%以上，公司不能在新三板挂牌，更不能在沪深上市；如果确权不能达到18%以上，公司不能在沪深两市上市。

（3）如能达成已确认股权在80%以上，则可以启动挂牌或上市程序；但无论确认股权比例有多少，都可以进行股份制改造，已确认股权已经超过总额的2/3，根据《公司法》可以决定并实施股份制改造。

（4）建立股份托管账户时，应依法明确披露有关责任的承担主体，包括大股东对股份制改制和托管设立过程中瑕疵责任的承担，就像公司设立过程中，公司发起人之间对出资瑕疵的连带责任一样。

案例精选

上海仁会生物制药股份有限公司主营业务为创新生物医药研发、生产和销售。主要产品系重组人胰高血糖素类多肽-1（7-36），该药物系仁会生物自主开发的拟用于2型糖尿病的国家一类治疗用生物制品。

最初，1999年1月8日，上海华谊集团公司同意了与上海兴东经济技术咨询公司设立仁会有限公司。1999年1月12日，上海华谊集团公司、上海兴东经济技术咨询公司共同出资设立了上海华谊生物技术有限公司，注册资本70万元，全部以货币方式认缴。其中，上海华谊集团公司认缴出资45.5万元，占公司注册资本的65%，上海兴东经济技术咨询公司认缴出资24.5万元，占公司注册资本的35%。

其后，公司打算挂牌新三板，于是2008年5月3日，有限公司完成了第二次股权转让，取得了上海市工商行政管理局南汇分局核发的《企业法人营业执照》，注册资本为3000万元。

2014年1月15日，有限公司股东会作出决议，同意有限公司整体变更为股份公司，该次整体变更的改制基准日为 2013 年 12 月 31 日。2014 年 2 月 24 日，仁会生物召开 2014 年第一次临时股东大会，决议公司注册资本由 9000 万元增至 9126.60 万元，新增 126.60 万元注册资本由桑会云、何思垚等 21 名自然人以货币方式认缴。桑会云、何思垚等增资方以现金出资 1519.20 万元，认缴新增注册资本 126.60 万元，其余 1392.60 万元记入公司资本公积，其余股东放弃本次增资。同日，桑会云、何思垚等增资方与公司签署《增资协议》。

2014 年 4 月 9 日，公司领取了由上海市工商行政管理局核发的《企业法人营业执照》。

在会仁生物从成立到其后的不断改制过程中，可以看出，其每进行一次改制，股权都是十分明晰的，并且均出具了证明，因此，在 2014 年 8 月 11 日，上海仁会生物制药股份有限公司得以成功在全国股份转让系统挂牌并公开转让，证券简称为会仁生物，证券代码为 830931。

> **卖家点评：**
>
> 1. 小微企业在申请挂牌新三板前，无论是公司成立时即为股份公司，或是通过改制成为股份公司，股权发生变化后，都应及时厘清并形成文件，以做到股权清晰，否则股权不明或混乱，则很难挂牌成功。
>
> 2. 中小企业在最初成立时，很容易出现股权不明，但既然要挂牌新三板进行股权公开转让，则必须做到清晰。

二、股票发行和转让合法合规

企业在挂牌新三板前，股票发行和转让合法合规，是指公司的股票发行和转让依法履行必要内部决议、外部审批（如有）程序，股票转让须符合限售的规定。

（1）判定公司股票的发行和转让行为是否合法合规，根据其应当不存在下列情形：

1）最近 36 个月内未经法定机关核准，擅自公开或者变相公开发行过证券。

2）违法行为虽然发生在 36 个月前，目前仍处于持续状态，但《非上市公众公司监督管理办法》实施前形成的股东超 200 人的股份有限公司，经中国证监会确认的除外。

（2）公司股票限售的安排，应当符合《公司法》和《全国中小企业股份转让系统业务规则（试行）》的有关规定。

股票发行和转让合法合规	
判定公司股票的发行和转让行为是否合法合规，应当不存在下列情形： （1）最近 36 个月内未经法定机关核准，擅自公开或者变相公开发行过证券 （2）违法行为虽然发生在 36 个月前，目前仍处于持续状态，但《非上市公众公司监督管理办法》实施前形成的股东超 200 人的股份有限公司，经中国证监会确认的除外	公司股票限售的安排，应当符合《公司法》和《全国中小企业股份转让系统业务规则（试行）》的有关规定

图 4-5　新三板挂牌条件中的股票发行和转让合法合规

延伸阅读：股权持有的常见问题

（1）股权代持。企业在申请挂牌前，应看看是否存在股权代持，如存在，应当根据情况还原股份代持，并要求股东签署不存在股权纠纷的承诺函，以实利交易或转让合法化。

（2）公职人员持股。看看公司是否存在带来单位或国家公务员等人员持有公司的股份，如果存在，应当依法解除或转让。

（3）未成年人持股。根据《公司法》相关规定，允许未成年人成为企业股东，但其股东权利则应当由法定代理人代其行使。

案例精选

北京拂尘龙科技发展股份有限公司是一家主要从事中央空调风道清洗、隧道除尘服务，以及特种清洗设备的研发、生产和销售的公司。

公司成立于 2005 年，在申请新三板挂牌前，因公司存在股权代持问题，所以公司进行了厘清，并作出了解决，并形成了文件向全国中小企业股份转让系统进行了相关处理与股权转让等决定，予以请示，得到了答复：

1. 关于公司股权代持

（1）2008 年 2 月，公司增资至 1818 万元，王晋应缴股款 229.304 万元（对应比例 12.61%）通过其妻乔建瑶代付，王晋的直接持股比例为 9.48%，通过其妻代持比例为 12.61%；2008 年 7 月，乔建瑶将其代持股份无偿转让给王晋，王晋直接持股比例恢复为 22.09%。请公司补充说明并披露王晋通过其妻代持公司股权的原因以及是否履行相应的决策程序。

（2）孙亚新、王继武持有的部分股权，系代王晋、曹玉兰、苏严持有；2014 年 1 月，王晋、曹玉兰、孙亚新、苏严、王继武等人通过转让股权解除代持关系。请公司补充说明并披露孙亚新、王继武代王晋、曹玉兰、苏严持有公司股权的原因。请主办券商及律师对前述股权代持及股权代持解除的合理性、真实性、合法合规性、是否存在股权纠纷、是否符合"股权明晰，股票发行和转让行为合法合规"的挂牌条件进行核查并发表明确意见。

2. 2005 年 7 月，王晋、曹玉兰、孙亚新、苏严以其共同持有的"MMP400 风道清洗配套设备技术"非专利技术对公司增资 450 万元

（1）请公司补充说明出资非专利技术的形成过程及权属情况、各股东出资比例划分依据、与公司业务的关联性、出资非专利技术的所有权转移情况及其在公司的使用情况。

（2）请公司补充说明 2013 年 12 月公司对该项资产出资进行评估复核及补足出资的原因。

（3）请主办券商及律师对本次非专利技术出资的真实性、价值的公允性、不属于高新技术成果的非专利技术作价出资的比例是否符合当时法律法规的规定、程序的合法合规性。

出资非专利技术是否属于出资人在拂尘龙或之前就职单位的职务成果、是否符合"股权明晰，股票发行和转让行为合法合规"的挂牌条件进行核查并发表明确意见。

为此，北京拂尘龙科技发展股份有限公司就公司股权代持行为，以及非专利技术出资做了说明，公司的持有股权得以进一步明晰，并均在合法合规之下得以厘清，并形成文件再次上报全国中小企业股份转让系统，最终在新三板实现挂牌，证券简称为拂尘龙，证券代码为831426，因为公司不仅厘清了股权，并就股权代持的行情进行了合法合规的转让。

卖家点评：

1. 企业在新三板挂牌前，一定要厘清股权，在明晰的基础上，做到期间所有的发行或是转让，均应在合规合法的情况下进行，这样，不仅企业会得到顺利挂牌，也更有利于挂牌后的股票发行与转让。

2. 企业在新三板挂牌前，如果有股权激励等行为，也应当据实出具报告，如激励的对象、股票数量，是否会影响到公司的大股东持股状况，以及公司控股股东的地位等。

三、天松医疗：界定企业性质，合法明晰股权

经典案例

浙江天松医疗器械股份有限公司的前身为杭州桐庐尖端内窥镜有限公司，创

建于 1984 年，其实质股东徐天松所持有的股权最初是挂靠在桐庐镇工办处的，这样一来，公司的性质实质上属于集体企业，因此，公司在欲改制登陆新三板时，遇到了一个问题：公司的股权是否明晰？是否存在国有资产流失问题？

为此，公司就此作出了解决的办法与公开披露，原桐庐镇工办所持有桐庐尖端的股权实质为徐天松所有，因此本次股权转让实质为：徐天松将其所持有桐庐尖端部分股权转让给德国费格，并在转让实施后，桐庐尖端解除了与桐庐镇工办之间的挂靠关系，并由桐庐县人民政府出具通知与证明，确认桐庐尖端为挂靠集体企业，名为集体企业，实属民营企业，挂靠及解除挂靠期间，未占用任何集体或国有资产。

其后，又经杭州市人民政府国有资产监督管理委员会出具反馈意见，确认桐庐尖端在挂靠桐庐镇工办期间，桐庐镇工办未对桐庐尖端进行任何形式的投入，也未参与过桐庐尖端的生产经营活动，未收取过桐庐尖端分配和其他任何利益，桐庐尖端也未占用、使用集体或国有资产，未造成集体或国有资产的流失。

因此，公司经过重组后，资产得以更加清晰，公司也公布了股东情况、公司股东的关系和各自的持股情况，以及公司在 2012 年 10 月 12 日，庐尖端整体变更为股份公司时，公司股本演变的情况和各自出资的情况，以及历次公司股权转让的情况。

这样一来，公司的股权实现了清晰，并且每一次股权转让或是变动，都是在合规合法的情况下进行的，因此，在 2014 年初，浙江天松医疗器械股份有限公司经海通证券的推荐，顺利实现了新三板挂牌，证券简称为天松医疗，证券代码为 430588。

卖家点评：

1. 企业在挂牌新三板前，首先一定要明晰企业的性质，因改革初期，很多企业属于挂靠企业，因此，一定要根据当时的出资等证明来明晰股权。

2.很多企业在最初的发展时，往往公司的股东会发生变化，因此，公司在厘清股权性质后，一定要在合规合法的情况下，进行股权交易，即使彼此为关联交易，也要出具转让或赠予的相关法律文件。

第四节　主办券商的推荐和督导

一、主办券商推荐

根据《全国中小企业股份转让系统业务规则（试行）》规定，企业在决定于新三板挂牌前，必须选择一家有资质的券商来主办挂牌业务，当完成挂牌前的准备后，由主办券商将企业推荐给全国股份转让系统公司，经同意后，企业才能正式挂牌，并由主办券商负责承办企业股票的发行与转让（见图4-6）。

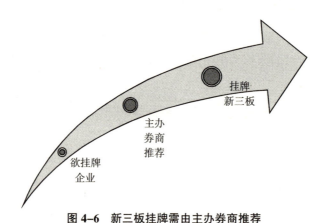

图4-6　新三板挂牌需由主办券商推荐

延伸阅读：如何成为具有资质的主办券商？

并不是所有券商都有推荐企业挂牌新三板资质的，要想成为拥有具备推荐企业在新三板挂牌的券商，就必须由券商提出申请，提交的资料包括：

（1）申请书。

（2）《经营许可证》（副本）复印件。

（3）申请从事的业务及业务实施方案，包括部门设置、人员配备与分工情况说明、主要业务管理制度、技术系统说明等。

（4）全国股份转让系统公司要求提交的其他文件。

全国股份转让系统公司同意主办券商新增业务备案的，自受理券商申请文件之日起，10个转让日内与申请主办券商签订补充协议，并出具业务备案函，并予以公告，券商才会拥有这种推荐的资质。

案例精选

浙江盘石信息技术股份有限公司是一家中文网站联盟平台、移动网络广告技术服务商。

从行业和市场占有来说，公司自2003年创办以来，经过努力，在浙江省内成为了行业拔尖的企业，而随着企业业务的不断扩展，公司在经过体制改革后，准备登陆新三板，因此，公司选择了国信证券作为自身挂牌的主办券商，而国信证券本质已具有承办企业挂牌新三板的业务资质，因此承担了浙江盘石信息技术股份有限公司新三板挂牌的办理，并对公司进行了辅导与督导。

2015年10月22日，由国信证券出面，向全国中小企业股份转让系统提交了《盘石股份：主办券商推荐报告》。在这份报告中，国信证券认为，互联网广告营销服务的法制建设尚处于起步阶段，目前主要受《广告法》的调整，随着其他相关法律法规的不断提出，后续也存在因监管变动而带来一定的风险。而且，就互联网广告营销服务行业而言，目前在网络诚信建设、网络知识、产权保护以及网络犯罪防范等方面缺乏强有力的法制约束和保障。另外，互联网广告营销服务行业规范性的服务标准不完善，使得部分市场参与者利用低廉的价格吸引客户，并提供劣质的服务，一定程度上影响了行业健康有序地发展。

公司的经营活动现金流量净额分别为-1497.17 万元、-474.25 万元、712.53 万元，经营活动现金流量净额虽然增长强劲但仍较为脆弱。主要原因为公司目前的业务仍处于起步成长阶段，研发、市场推广以及品牌推广需要较大的资金投入，报告期经营性现金流出分别为5842.29 万元、3905.48 万元、1330.47 万元；由于公司此阶段需不断根据市场推广的反馈提升互联网广告营销服务质量，报告期的经营性现金流入较弱，分别为4345.11 万元、3431.23 万元、2043.01 万元，因此导致公司前两年的经营性现金流量净额为负数。

虽然截至报告期末，公司的经营性现金流量净额已经由负转正，但是由于该阶段公司仍需持续进行技术研发、市场推广，并不断提升服务品质，同时也存在市场需求发生变化的情形，因此公司存在经营性现金流不足的风险，以及持续亏损的风险。

因此，推动公司在新三板挂牌，可以解决资金的问题，以利于公司更好地发展。

2015 年 11 月 13 日，经批准，浙江盘石信息技术股份有限公司正式在新三板挂牌，证券简称为盘石股份，证券代码为834009，公司股价的发行与转让由国信证券承办。

卖家点评：

1. 企业在挂牌新三板前，在选择主办券商时，一定要找那些正规的有相关资质的券商，否则花了钱却无法实现挂牌，因为只有有资质的券商才能承办。

2.在主办券商的选择上，企业应当选择那些愿意大力向外推介企业、完成企业融资发展的券商，而不要只从费用上图便宜。因为随着新三板扩容，挂牌企业会越来越多，而许多券商只是从资本动作的角度出发，这样企业即使最后挂牌了，也难有人问津，实现融资。

二、主办券商督导

当企业为自己挂牌新三板而选择了主办的券商后，券商不仅要为企业挂牌新三板进行推荐，同时也要在企业实行改制过程中，不断实施督导，比如企业在改制中出现的相关问题，券商都要根据全国股转系统的要求，为企业提出改进的设计方案及解决办法，从而使企业成功实现新三板挂牌。

主办	● 改制阶段。券商负责牵头和其他中介机构，对有限公司的经营、财务、出资和增资等事项，进行全方位的调查，并提出修整意见，为公司提出改制的总体方案的设计
券商	● 申请挂牌阶段。按照全国股转系统的相关政策，对欲挂牌企业进行调查，并对照挂牌条件，履行内核程度，不仅需要协助企业健全公司治理结构和指导公司规范化经营，还要对企业的经营发展进行全面的客观的陈述，形成《公开转让说明书》与《推荐报告》，将企业实际发展的状况告诉投资者，要就全国股转系统的反馈做出回答
督导	● 企业挂牌后。券商还应持续督导企业的经营，为企业提供诸如融资、并购重组等市场服务

图4-7　主办券商督导内容

延伸阅读：主办券商的主要职责是什么？

企业在挂牌前，一旦选择了主办券商，那么，券商在其中的主要职责有哪些呢？

（1）在公司股份制改造阶段，券商负责牵头和其他中介机构，对有限公司的经营、财务、出资和增资等事项，进行全方位的调查，并提出修整意见，为公司提出改制的总体方案的设计。

（2）在申请挂牌阶段，按照全国股转系统的相关政策，对欲挂牌企业进行调查，并对照挂牌条件，履行内核程度，不仅需要协助企业健全公司治理结构和指导公司规范化经营，还要对企业的经营发展进行全面的客观的陈述，形成《公开转让说明书》与《推荐报告》，将企业实际发展的状况告诉投资者，要就全国股转系统的反馈做出回答。

（3）企业在挂牌后，券商还应持续督导企业的经营，为企业提供诸如融资、并购重组等市场服务。

案例精选

上海清鹤数码科技有限公司是一家专业从事网络多媒体产品及嵌入式软件研发的高新技术产业化公司，成立于 2002 年，截至 2010 年底公司已取得相关专利 12 项，著作权 5 项，上海市科技进步二等奖，上海市高新技术成果转化项目、欧盟 CE 认证、上海市软件企业认定证书等。

公司在决定步入资本市场寻求发展之时，由本地的证券公司上海证券为其主办券商，会计师事务所为天职国际会计师事务所，律师事务所为君合律师事务所上海分所。在公司体制改造过程中，上海证券对清鹤科技进行了尽职调查，了解的主要事项包括公司基本情况、历史沿革、独立性、关联交易、同业竞争、规范运作、持续经营、财务状况、发展前景和重大事项等。

同时，上海证券与公司董事长、总经理、监事、董事会秘书、财务负责人等主要管理人员及部分员工进行了交谈；查阅了公司章程、三会（股东大会、董事会、监事会）会议记录、公司各项规章制度、会计凭证、会计账簿、审计报告、工商行政管理部门年度检验文件以及纳税凭证等；了解了公司生产经营的状况、内控制度、规范运作情况和发展规划。

通过上述尽职调查，项目组出具了《上海清鹤科技股份有限公司尽职调查报告》，对清鹤科技的财务状况、持续经营能力、公司治理和合法合规等事项发表了意见。

全国中小企业股份转让系统业务内核小组对清鹤科技股票进入全国股份转让系统挂牌的申请文件进行了认真审阅，并根据《业务规定》和《上海证券有限责任公司全国中小企业股份转让系统业务内核办法》对内核工作的要求，参会内核委员经过讨论，对推荐文件出具了审核意见，然后督导企业进行了改进，向全国中小企业股份转让系统提交了推荐书，使得上海清鹤数码科技有限公司在成功改制后得以在 2015 年 12 月 8 日顺利在新三板挂牌，证券简称为清鹤科技，证券代码为 834762。并就公司股票的公开转让出具了一份说明书。

卖家点评：

1. 主办券商介入欲挂牌企业后，不仅是为了从形式上推荐企业在新三板挂牌，还要对企业挂牌前的改制等方面进行认真督导，促使企业真正符合新三板的挂牌要求。

2. 企业在券商的介入下，应当配合主办券商，做好企业的改制，以及挂牌前各个环节中出现的问题，做到及时修正，因为券商的督导都是从企业能够顺利挂牌的角度出发的。相对于企业来说，券商是它们的"技术顾问"。

三、湘财证券：新三板第一家券商的资本市场之路

经典案例

湘财证券股份有限公司创立于 1993 年 2 月 8 日，注册资本 29.97 亿元人民

币。自成立以来，公司经营稳健、管理规范，以"人本立正，承诺是金"为核心的企业文化，不仅成为中国资本市场的个性化品牌和区别性存在，并引领着全体湘财人创造出了中国资本市场若干个"第一"：第一家获中国证监会批准增资扩股；第一家被核准为全国性综合类证券公司；第一批进入全国银行间同业拆借市场；第一家与国有商业银行签署股票质押协议；第一家获准设立中外合资证券公司；第一家向外资转让股权设立中外合资基金公司；成立中国第一家国家级证券博物馆。

如此一家老牌证券公司，在为投资者与企业服务的同时，自身却未能跟上资本时代的脚步，多次上市申请被否，并几乎易主，在大股东的轮流介入下，仍然未能跟上时代的步伐，即使是其后的曲线上市，也只成为了"水中花"。

新三板市场成立后，湘财证券曾成为不少企业的主办券商，但或许是医者不能自医，最后湘财证券自身在寻求新三板挂牌时，请了西南证券来推荐承办。因自身本就是有资质承办企业挂牌的企业，所以，西南证券介入后，尽管进行了推荐和督导，但事实上并没费多大力气，只是因其上市的梦想，直到 2013 年 12 月，这家承载着国内第一批股民最初的股市回忆的老牌券商，终于在西南证券的督导下完成了股份制改造，并于 2014 年 1 月 24 日由西南证券推荐在新三板挂牌，证券简称为湘财证券，证券代码为 430399，总股本为 31.97 亿股。

对于其主办券商及承销商来说，西南证券在湘财证券挂牌后，即为其推出了 90 天 6 亿元的短期债券进行融资，票面利率 5.4%，募集资金用于补充公司流动性资金需求。湘财证券此次发行的债券价格为 100 元，在西南证券的几经斡旋下，最终有 7 家机构、11 笔交易中标。然而，在湘财证券挂牌新三板后的半年时间里，竟然没有一份成交记录。

在湘财证券从新三板挂牌，到其后的融资过程中，西南证券可谓尽职尽责，只不过，由于企业自身缺少足够的未来发展吸引力，因此才成了一只落难的凤凰，被资本市场所冷落。

延伸阅读：主办券商的代办股份转让包括哪些内容？

（1）开立非上市股份有限公司股份转让账户。

（2）受托办理股份转让公司股权确认事宜。

（3）向投资者提示股份转让风险，与投资者签订股份转让委托协议书，接受投资者委托办理股份转让业务。

卖家点评：

1. 企业在挂牌新三板时，离不开主办券商的推荐与督导，然而挂牌只不过是企业可以接触资本市场，但企业的前途还要靠企业自身的动力。

2. 企业在挂牌时尽管出现亏损，主办券商介入后，一定要找出企业自身的不足，这样才能在挂牌后的融资中找到亮点，帮助企业实现顺利融资。

第五章　小微企业新三板挂牌前如何选择券商及中介机构

第一节　主办券商的选择

一、主办券商制度

主办券商制度是全国股份转让系统的基本制度安排之一。目前，全国股份转让系统设有三类主办券商业务：

（1）推荐业务，包括推荐股份公司股票进入全国股份转让系统挂牌、为挂牌公司提供持续督导服务、为挂牌公司定向发行及并购重组提供服务等。

（2）经纪业务，包括接受投资者委托代理买卖挂牌公司股票，代理开立证券账户等。

（3）做市业务，即在全国股份转让系统持续发布买卖双向报价，并在报价价位和数量范围内履行与投资者的成交义务。

延伸阅读：什么是主办券商？

主办券商是代办股份转让业务券商的简称，是指取得从事代办股份转让主办券商业务资格的证券公司。

依据我国《证券公司从事代办股份转让主办券商业务资格管理办法》的规定，证券公司从事代办股份转让主办券商业务，应当依据该办法的规定，向中国证券业协会申请证券公司从事代办股份转让业务资格，未取得业务资格的证券公司不得从事代办股份转让的业务。

股权转让代办系统，是一个以契约方式明确各参与主体的权利和义务的交易系统。主办券商在其中处于核心枢纽地位，它联系着各个挂牌公司、登记结算服务机构、管理机构等各参与方。因此，主办券商在新三板市场中尤其在报价转让的交易制度之下是最活跃、最不可或缺的主导。

案例精选

中科软科技股份有限公司成立于 1996 年 5 月，最早为北京中科软信息系统有限公司，总部设在北京，是一家专门从事计算机软件研发、应用、服务的智能密集型高新技术企业，公司以大型行业应用软件开发和系统集成为核心，集自主开发的行业通用软件产品、网络信息安全软件产品、大型网络应用软件组合平台、中间件软件产品及应用工具于一体，涵盖了系统软件、支撑软件、行业应用软件等各个层次，可为大型应用系统工程提供全方位支持。

尽管公司多年从事软件工程实施、国内外合作开发及推广，有着丰富的经验，是北京市新技术产业开发试验区新技术企业，国家发展计划委员会、信息产业部、商务部、国家税务总局认定的"国家规划布局内的重点软件企业"、"国家火炬计划北京软件产业基地"骨干企业、"AAA 级信用企业"、北京市软件企业。

然而，在公司准备新三板挂牌并进行股权交易时，根据主办券商制度的规定，公司找到了申银万国证券股份有限公司，申银万国是原上海申银证券公司和原上海万国证券公司于 1996 年 7 月 16 日合并组建而成的，是国内最早的一家股份制证券公司，即使是在当时，公司也是国内规模最大、经营业务最齐全、营业网点分布最广泛的综合类证券公司之一。

于是，由申银万国督导，公司不仅顺利完成了改制，成为适合新三板要求的股份有限公司，还顺利地于 2006 年 1 月 23 日成功在新三板挂牌，证券简称为中科软，证券代码为 430002，当时公司的可转换股份为 1.97 亿股，均由其主办券商申银万国负责。并且，在其后股权融资过程中，如定向增发等，均由申银万国负责办理。

卖家点评：

1. 在主办券商制度之下，企业如果想在新三板实现股权转让、增发等股权交易融资，甚至是挂牌，就必须找到一家可信的证券公司做自己的主办券商，全权负责公司的股权交易。

2. 在主办券商制度之下，企业不一定非要寻找那些规模大的证券公司做自己的主办券商，而要选择那些能够切实为自身融资尽心尽力的证券公司。

二、主办券商的资质

主办券商的资质是指主办券商是否具有承办代办股份转让的业务，因为并不是所有的证券公司均拥有此项业务，而这种业务的拥有，需要申请获准才能够拥有，因此，企业在新三板挂牌前，在选择主办券商时，应当看这家券商是否拥有此项业务。

延伸阅读：从事代办股份转让业务券商需要具备哪些基本条件？

（1）具备中国证券业协会会员资格，遵守协会自律规则，按时缴纳会费，履行会员义务。

（2）经中国证券监督管理委员会批准为综合类证券公司或比照综合类证券公司后，运营时间在一年以上。

（3）同时具备承销业务、外资股业务和网上证券委托业务资格。

（4）最近年度净资产不低于人民币8亿元，净资本不低于人民币5亿元。

（5）经营稳健，财务状况正常，不存在重大风险隐患。

（6）最近两年内不存在重大违法、违规行为。

（7）最近年度财务报告未被注册会计师出具否定意见或拒绝发表意见。

（8）设置代办股份转让业务管理部门，由公司副总经理以上的高级管理人员负责该项业务的日常管理，至少配备两名有资格从事证券承销业务和证券交易业务的人员，专门负责信息披露业务，其他业务人员须有证券从业资格。

（9）具有20家以上的营业部，且布局合理。

（10）具有健全的内部控制制度和风险防范机制。

（11）具备符合代办股份转让系统技术规范和标准的技术系统。

（12）中国证券业协会要求的其他条件。

案例精选

北京中航讯科技有限公司成立于2007年12月，其主营业务是为城市运营管理的行业客户提供移动视频信息采集、传输、处理的整体解决方案。公司主要产品：3G移动信息综合管理系统、3G车载执法综合信息监控设备、3G单兵执法综合信息监控设备、多功能应急便携指挥终端、环卫作业综合智能管理信息化系统和 C3PIM 移动综合信息管理指挥系统。

可以说，北京中航讯科技有限公司是一家老牌的公交信息化厂商，但在新三板挂牌时，这样一家北京本地的公司，竟然让注册地远在杭州的财通证券来做自己的主办券商。因为经过选择，北京中航讯科技有限公司认为财通证券的总部虽然不在北京，但是其理念更适合公司在"互联网+"时代的发展，有利于通过公司体制的改造，更为规范化地发展，并且财通证券远在中国富裕的江浙地区，对公司挂牌新三板后的融资，会有大的帮助。况且，财通证券只不过是在北京地区的名气小一些，它是吸收合并天和证券经纪有限公司成立的公司，并且拥有代办股权转让的业务。

因此，中航讯请了财通证券做自己的主办券商，并且开始了公司从有限公司到股份公司的改制，于 2012 年 3 月 14 日，中航讯股份公司在财通证券的推荐下，成功挂牌新三板，证券简称为中航讯，证券代码为 430109，并在 2015 年同比增长 449%~587%、净利润为 900 万~1100 万元的情况下，主办券商财通证券为其以定向增发的形式实现了 0.09 亿元的融资，使公司有更多的资金来发展企业。

卖家点评：

1. 企业在为自身寻找主办券商时，一定要选择那些有代办股权转让业务的证券公司，否则费时费力，最后还无法达到新三板挂牌后融资。

2. 企业在为自身寻找主办券商时，不要只看证券公司的业绩，而要选择那些适合自己的，能为自己挂牌后融资尽心尽力的证券公司。

三、高捷联："卸磨杀驴"，只因"战略发展需要"

经典案例

深圳市高捷联股份有限公司成立于 1993 年，是由一家小型的电气安装队起步，主要从事工业与建筑电气产品的内部控股集团公司。企业自建上海浦东、深圳南山、苏州工业园区三大生产制造基地，主要从事低碳、环保、高科技含量的电源控制设备、元件的研发和生产。

为了借助资本市场，得以更大发展，公司选择了民生证券作为自己的主办券商，因为民生证券是一家具有代办股权转让业务的证券公司，并在民生证券的督导下，深圳市高捷联股份有限公司完成了从有限公司到股份公司的改制，并成功于 2015 年 2 月 5 日在新三板挂牌，证券简称为高捷联，证券代码为 831894。

然而，高捷联却在公司挂牌后，向全国中小企业股份转让系统提出了申请更换主办券商的请求，并在公告中称：自公司聘请民生证券担任公司主办券商，民生证券遵循勤勉尽职的原则，对公司从挂牌到后续的信息披露资料进行了尽职调查、审慎核查。持续督导期间，民生证券依照中国证监会、全国中小企业股份转让系统规定的相关法规以及双方签署的协议条款，为公司配备符合规定的专门督导人员，协助公司管理层熟悉和理解全国股份转让系统相关业务规则，并督促和协助公司及时按照有关规定办理信息披露、限售登记及解除限售登记等事宜。

持续督导期内，公司治理机制及信息披露情况较好，能够配合民生证券要求进行持续督导工作、落实整改意见。公司已就在持续督导期内真实、准确、及时、完整地向民生证券告知了持续督导相关事实，且提供的持续督导相关文件不存在任何虚假记载、误导性陈述和重大遗漏等。民生证券在作为公司持续督导券商期间，能够按照相关法律法规的规定及协议约定勤勉尽责、诚实守信地对公司履行持续督导义务。

公司目前处于快速发展阶段，为公司战略发展需要慎重考虑，经与民生证券充分沟通与友好协商，双方同意解除持续督导协议，并就终止相关事宜达成一致意见。根据中国证监会及全国股份转让系统的相关规定和要求，公司于 2015 年 10 月 27 日与民生证券签署《关于解除〈推荐挂牌及持续督导协议书〉的协议书》，并于同日与安信证券股份有限公司（以下简称"安信证券"）签订《持续督导协议书》，自合同签署之日起，由安信证券承接主办券商并履行持续督导义务。本次变更持续督导主办券商的议案已经公司第一届董事会第九次会议和公司 2015 年第一次临时股东大会审议通过。本次变更持续督导主办券商的行为不会对公司的生产经营活动造成任何风险和影响，也不会对公司股价产生任何影响。

从公告中可以看出，高捷联是因"战略发展需要"与民生证券解约，并更换主办券商的，但公司是按照与券商的协商后双方同意的条件下向全国中小企业股份转让系统提出申请的，因此，高捷联挂牌后的更换主办券商之举合法，所以取得了成功。

延伸阅读：企业如何更换主办券商？

这种情况可分为两种：拟挂牌企业、已挂牌企业。

（1）拟挂牌企业。根据全国股转系统公司《常见问答四》：拟挂牌公司在申请挂牌前更换主办券商的，与主办券商自行商定，无须报告全国股份转让系统公司。

（2）已挂牌企业。在主办券商制度之下，主办券商在推荐企业挂牌后，应对企业持续履行督导义务，如果不是主办券商不再从事推荐业务，或是挂牌公司的股票终止挂牌，双方不得随意解除持续督导协议。主办券商与挂牌企业因特殊原因确须解除持续督导协议的，双方应协商并达成一致意见，且有其他券商愿意承接对企业的督导工作的，事前应报告全国股份转让系统公司，并说明理由。在具体操作流程中，挂牌企业和承接督导事项的主办券商应履行相应的内部决策程序。

卖家点评：

1. 无论企业在拟挂牌前，或是挂牌后，如果想要更换主办券商，必须遵照规定双方达成一致意见，如果双方存在分歧，应当协商达成一致。

2. 由于新三板当前挂牌企业较多，因此，很多有资质的券商的精力大多放在了如何让企业挂牌上，因此，挂牌后重组并购的时候，企业还是换一家券商会有助于项目的推进。

第二节　中介机构的主要职责

一、会计师事务所

会计事务所负责对企业的账目进行检查与审验，主要工作包括审计、验资等。其具体工作包括：

（1）改制阶段，根据资产重组的范围和改制上市方案出具前 3 年一期（至少两年一期）的审计报告。

（2）为企业改制设立股份公司出具验资报告。

（3）为筹建股份公司费用出具专项审计报告。

（4）在发行上市阶段，出具发行人 3 年一期的审计报告。

（5）对发行人 3 年一期的原始财务报告和申报财务报告的差异比较出具意见书。

（6）对公司未来盈利出具盈利预测报告。

（7）对公司的内控制度及风险管理系统的完整性、合理性、有效性进行评价，并出具内控制度评价报告。

（8）对公司在报告期内的资产减值计提政策的稳健性和公允性，并对公司是否已经足额计提资产减值准备、是否影响发行人的持续经营能力发表意见。

（9）对材料申报中，对证监会提出的反馈意见中的审计、财务问题出具意见。

（10）对发审委审核后是否存在重大事项出具意见。

（11）对募集资金的到账情况出具验资报告。

延伸阅读：什么叫计提？

计提就是计算和提取。按规定的比率与规定的基数相乘计算提取，列入某科目是指在一个规定的基数上，如支付的合法员工薪酬，乘以规定的比率，如应付福利费全国规定的都是工资的14%。按这种方法计算出来的就是应提取的应付福利费过程，计入应付福利费科目就是对后一句话的解释。

计提的时机：

（1）在权责发生制前提下，预先计入某些已经发生但未实际支付的费用。

（2）根据制度规定，计算、提取有关的（留存、减值）准备。

（3）预计某些应付账款。

（4）其他符合会计制度的预计项目。

案例精选

浙江大农实业有限公司是深市中小板的上市公司利欧集团的控股子公司，打算在新三板挂牌时，会计师事务所及时介入了公司。

根据天健会计师事务所（特殊普通合伙）出具的审计报告，截至2013年12月31日，大农实业经审计的净资产值为人民币107958455.24元。根据坤元资产评估有限公司出具的《资产评估报告书》，截至评估基准日2013年12月31日，大农实业的净资产评估值为133962178.02元。大农实业以其拥有的截至2013年

12 月 31 日大农实业经审计净资产 107958455.24 元按 2.01077：1 折合股份，折合股本 53690000 股，其中利欧股份净资产 75570918.67 元，折合 37583000 股，占股份总数的 70%；浙江大农机械有限公司净资产 32387536.57 元，折合 16107000 股，占股份总数的 30%。超出股本部分的净资产 54268455.24 元作为股本溢价，计入资本公积金。

股本变更后，大农实业的股东成为新设立股份有限公司的股东，股权比例不变。同时，原来大农实业的一切债权债务和一切权益义务均由股份公司承继。大农实业由此改为股份有限公司。

事实上，2007 年 12 月 25 日，大农实业在台州市工商行政管理局路桥分局登记设立昌，台州鼎力联合会计师事务所即为其出具了台鼎验〔2007〕297 号《验资报告》，对大农实业的出资情况进行了审验。

在其后的 2009 年 11 月 15 日，大农实业的公司股东会作出决议，同意减少注册资本 3931 万元，其中，利欧股份减少出资 2751.7 万元，减少至 3758.3 万元；浙江大农机械有限公司减少出资 1179.3 万元，减少至 1610.7 万元。

2010 年 5 月 19 日，台州开元会计师事务所同样为其出具了台开会验〔2010〕第 187 号《验资报告》，验证截至 2010 年 5 月 13 日，大农实业注册资本已经减少出资 3931 万元，其中，利欧股份减少出资 2751.7 万元，浙江大农机械有限公司减少出资 1179.3 万元。大农实业变更后的注册资本为 5369 万元，实收资本为 5369 万元。

正是因为会计师事务所为公司每一次出现财务变动时所出具的证明，才使得浙江大农实业公司符合了要求，于 2015 年 1 月 9 日正式获得全国中小企业股份转让系统有限公司同意挂牌，成功登陆了新三板，证券简称为浙江大农，证券代码为 831855。

卖家点评：

1. 企业要想令自身的股权清晰、财务明了，那么，每一次出现变动时都应当请会计师事务所出具相关的证明，因为只有经过专业会计师事务所出具的证明才具法律效力。

2. 企业在聘请会计师事务所时，一定要看清会计师事务所的资质，因为只有有资质的事务所，才能真正担负起会计审核工作，其出具的证明才更有真实性。

二、律师事务所

律师事务所在新三板拟挂牌企业，会对公司股票的代办发行与转让的各种文件的合法性进行判断，并对有关股票代办发行与转让过程中所涉及的法律问题出具法律意见。律师事务所的主要职责和工作如下：

（1）企业改制上市过程中需要的文件，包括股份公司设立的发起人协议、有关国有股权管理的法律意见书（如需要）、各种关联交易协议、起草公司章程及议事规则、股东大会董事会监事会的会议材料。

（2）股份公司辅导期的有关法律问题解决。

（3）股份公司股票发行上市的法律意见书。

（4）对证监会反馈意见书中的法律问题，出具说明或补充法律意见书。

（5）对发审会审核后，是否存在重大事项出具法律意见书。

延伸阅读：定向增发的法律意见书包括哪些内容

新三板挂牌公司定向增发的法律意见书之前并无统一的模板，每个律师事务所都有自己内部统一的格式和内容，全国中小企业股份转让系统官网公布了《关于发布〈挂牌公司股票发行审查要点〉等文件的通知》，公布了统一的股票发行法律意见书标准模板。根据挂牌公司定向增资项目收到的反馈意见，均会要求律师事务所尽量按照法律意见书的模板发表意见。

法律意见书模板主要包括如下内容：

（1）本次定向发行符合豁免向中国证监会申请核准股票发行的条件。

（2）本次定向发行的对象。

（3）本次发行的发行过程及发行结果。

（4）本次定向发行的法律文件。

（5）本次定向发行有无优先认购安排。

（6）本次定向发行前公司股东及本次发行对象是否属于私募投资基金的情况。

（7）其他。

（8）结论意见。

案例精选

广东天地壹号饮料有限公司成立于 2002 年 8 月，现已发展成为国内最大的陈醋饮料生产基地。1997 年，广东龙虎豹酒业有限公司成功研制出陈醋饮料，同时投入市场并注册了"天地壹号"商标。"天地壹号"陈醋饮料以其前所未有的独特性、显著的保健功能和良好的口感，备受消费者的欢迎。

随着市场需求呈现迅猛增长势头，广东天地壹号有限公司随着经营管理的提升，在全国各地建立了一个完善的营销网络。而为了更好地利用资本市场，得以公司的发展，广东天地壹号有限公司决定在 2013 年上市。

在 2012 年股权转让中，公司出资最多的深创投的实际出资额仅为 260 万元，持股比例仅为 1.62%。并且，根据天地壹号与几家投资公司签署的转让合同中约定，若公司在 2015 年 12 月 31 日前未实现公开发行上市，或利润未达标准，投资公司可要求其回购股权。

2013 年中，A 股 IPO 处于停摆状态，上市希望渺茫，天地壹号转而谋求港股上市，却依然未能如愿。2013 年底，天地壹号主动撤回申请材料，终止了港股上市，并在 2015 年 8 月 20 日，天地壹号正式挂牌新三板。

因为之前，一直是按照上市公司的要求进行改制和申请的，因此，在申请新三板挂牌前按证监会的要求，由北京大成（广州）律师事务所为其出具了法律意见书，并且在公司挂牌后接连发布了《天地壹号：法律意见书》，使得公司无论在挂牌前还是挂牌后，所有的股权交易与转让都明晰可见，并且具有法律效力。

卖家点评：

1. 律师事务所的介入，是为了确保企业在挂牌前的企业改制、股权变动等行为，均为合法行为，因此是不容拟挂牌企业所忽视的。

2. 即使是公司成功在新三板挂牌，进行股权转让或是定向增发等股份变动与交易过程中，同样需要律师事务所出具法律意见书。

三、资产评估机构

资产评估机构的主要职责和工作是：

（1）在改制阶段，根据企业资产重组的范围和改制挂牌方案，出具资产评估报告，如涉及国有资产的，应当报国资监管部门备案。

（2）除有限公司整体变更为股份公司、按照审计净资产 1 : 1 折股的以外，在资产评估后，协助企业按照资产评估的结果建账。

（3）在申报过程中，对企业有关资产评估问题出具专业意见。

比如，企业盈利能力评估、无形资产价值评估、股权价值评估及企业价值评估等。

延伸阅读：什么是资产评估机构？

资产评估是指在市场经济条件下，由专业机构和人员，依据国家有关规定和有关材料，根据特定的目的，遵循适用原则，依照法定程序，选择适当的价值类型，运用科学方法，对资产价值进行评定和估算的行为。

资产评估的目的，是为该项资产的交易等行为提供价值参考依据。

广义的资产评估是指一切对于资产估价的行为包括企业内部为补偿和会计报告而进行的评估。狭义的资产评估是在发生产权变动、资产流动和企业重组等特定行为下对资产进行的评定估算。

案例精选

山东万事达建筑钢品股份有限公司一直致力于成为专业的建筑围护系统集成商与高端涂镀钢板流通服务商。

在改制时的 2013 年 11 月 29 日，万事达钢品召开临时股东会，全体股东一致同意万事达钢品以整体变更的方式设立股份有限公司并聘请相关中介机构对公司进行审计、评估。

为变更设立为股份有限公司之目的，万事达钢品聘请中天运对其截至 2013 年 11 月 30 日的财务报表进行审计。2013 年 12 月 20 日，中天运出具中天运（山东）〔2013〕审字第 00055 号《审计报告》，根据该《审计报告》，截至 2013 年 11 月 30 日，万事达钢品净资产值为人民币 120243429.58 元。

为变更设立为股份有限公司之目的，万事达钢品聘请中天华对其截至 2013 年 11 月 30 日的资产情况进行评估。2013 年 12 月 26 日，中天华出具中天华资评报字〔2013〕第 1389 号《评估报告》，并根据该《资产评估报告书》，得出截至评估基准日 2013 年 11 月 30 日，万事达钢品的净资产评估值为 15229.50 万元。

2013 年 12 月 22 日，万事达钢品召开临时股东会，同意万事达钢品以整体变更的方式设立股份有限公司，将万事达钢品经审计的截至 2013 年 11 月 30 日的公司净资产 120243429.58 元，按 1.50304287∶1 的比例，折合为股份公司股本为 8000 万元。

2014 年 7 月 30 日，山东万事达建筑钢品股份有限公司实现成功挂牌新三板，股票简称为万事达，证券代码为 830906。

如果不是公司根据中天华资评报字〔2013〕第 1389 号《评估报告》，并根据该《资产评估报告书》，那么很难得出具体的净资产评估值。

卖家点评：

1. 企业在资产评估时，应当以某一基准日为基础来计算评估其价值，因为时间不同，其资产价值也会发生改变。

2. 企业在评估著作权、知识产权的价值时，一定要找到相关资质的评估机构，以确定其价值，尤其是在出资的评估中。

四、土地评估机构

企业在改制时，如涉及土地使用权出资，或其他重组、发行上市申报材料中需要评估的事项时，需要请土地评估机构对公司的土地使用权进行评估。此时，土地评估师的主要职责和工作是：

（1）根据改制、重组方案，制定土地处置方案，并协助企业报国土部门审批。

（2）根据改制、重组方案，对有关土地进行评估，出具评估报告。

（3）在申报过程中，对有关土地评估问题出具专业的意见。

另外，对于募集资金收购和股份公司重组涉及土地收购问题，应单独出具土地评估报告。

延伸阅读：什么是土地评估机构？

土地评估机构，是指依法设立、从事土地评估中介业务、独立核算、自负盈亏、自我发展、自我约束以及独立承担民事责任的法人实体。土地评估机构的主要组织形式为合伙制，或有限责任公司，以及法律法规规定的其他形式。未进行工商登记的土地评估中介机构一律不得从业。土地评估机构在评估前，须先选择出评估类型，企业改制前，土地使用权类型主要包括划拨和出让两种方式。在企业改制后，土地使用权类型主要有出让、划拨、租赁、作价出资（入股）及授权经营五种形式，在确认后，土地评估机构可根据不同的土地使用权类型进行评估。

案例精选

山东万通液压股份有限公司始建于 2004 年，注册资本 6000 万元，是一家致力于液压机械产品设计、研发与制造的专业设备生产企业。

万通液压在 2011 年即启动了上市工程，当时的目标是 3 年上市。在 2014 年 3 月，公司进行股改时，却未履行评估程序。因为公司聘请的律师事务所的律师在法律意见书中认为，公司虽未进行股份公司设立的资产评估，但对股份公司的设立及本次申请挂牌，并不构成实质性影响。因为股转公司在第三次反馈中提及"关于万通液压有限整体变更为股份公司时未履行评估手续对公司本次挂牌的影响问题"，律师在回复中认为："根据 2014 年 3 月 1 日起实施的《公司注册资本登记管理规定》等规定，工商部门对有限公司整体变更为股份公司已不再强制要求提交评估报告等类似文件。公司在变更登记时，工商局也未要求提供；公司经审计的净资产远大于公司的注册资本，股改前后的公司注册资本一直保持不变，不存在股份公司上述净资产值低于注册资本的情况，也不存在出资不实的情况；公司全体发起人股东对整体变更后的注册资本及股权结构也无异议。"

　　因山东万通液压股份有限公司在改制前后的注册资本未变更，股权清晰，因此其并未请相应的土地评估机构为其提供评估报告，即在向全国中小企业股份转让系统提交了挂牌申请材料后，成功实现了挂牌新三板，证券简称为万通液压，证券代码为830839。但是，万通液压的挂牌只是一个特殊的情况，通常，企业在股改时一旦涉及注册资金的变化或是场地的变化，一定要有相应的土地评估报告。

卖家点评：

　　1. 企业在拟挂牌新三板前，如果在股改时一旦涉及注册资金的变化或是场地的变化，一定要有相应的土地评估报告。如果这些都没有变动和异议，也要由律师事务所在法律意见中具体说明情况。

　　2. 企业在拟挂牌新三板前，不要因为麻烦而忽略了一些东西，一定要按照企业发展的实际情况来准备相应的材料和报告。

五、慧翰股份：以自主知识产权为核心，合法经营，规范发展

经典案例

　　福建慧翰微电子股份有限公司前身为福建国脉教育发展有限公司，成立于2008年7月，公司是一家致力于物联网无线传输技术和应用的高科技企业，拥有多项专利及自主知识产权。

　　后来，为了挂牌，2014年7月11日，公司整体变更为股份有限公司，股份公司名称为"福建慧翰微电子股份有限公司"。

　　经过改制后，公司由广发证券推荐，向全国中小企业股份转让系统递交了申请材料。而在公司改制前，主办券商广发证券即介入公司，同时，公司又聘请了

上海市瑛明律师事务所作为自己的法律顾问，并请了相关的会计师事务所、资产评估机构、土地评估机构，就公司的办公厂地的租赁，公司改制时股份的变更，进行了评估，并公布了财务报表及审计报告，并经过上海市瑛明律师事务所的确认，发表了《法律意见书》。

最后，经广发证券的核查与督导，公司得以成功改制，使得公司产权明晰、财务透明、经营合法合规，广发证券因此向全国中小企业股份转让系统提交了推荐福建慧翰微电子股份有限公司申请挂牌的推荐报告，并就依法设立且存续满两年、业务明确，具有持续经营能力、公司治理机制健全，合法规范经营、股权明晰，股票发行和转让行为合法合规等问题进行了说明，出具了相关的审计报告和法律意见书，并提示了公司自身存在的各种风险，以致公司于2015年3月26日，成功挂牌新三板，证券简称为慧翰股份，证券代码为832245。

挂牌新三板后，慧翰股份得以借助资本市场的力量，以自身拥有的自主知识产权为核心，继续在行业里合法经营、规范发展。

延伸阅读：什么是自主知识产权？

知识产权，是人们在科学、技术、文化艺术等领域从事智力活动而创造的财富，是法律确认的产权。与其他产权相比，知识产权具有专有性、地域性和时间性。自主知识产权，是与使用他人知识产权相对的概念，指产品生产者对产品中包含的核心技术拥有自己的知识产权。

卖家点评：

1. 企业在拟挂牌前，如果是拥有自主知识产权的高科技企业，则应当向各中介机构提供自身所拥有的各种专利技术，进行审计与评估。

2. 如果知识产权或著作权、专利等，涉及公司成立时的投资入股，则应当请相关的评估机构进行准确评估，在双方达成统一意见后形成文件，由律师事务所确认，以确保技术入股的合法性。

第三节　券商及中介机构的工作流程

一、中介入场

1. 中介机构开展尽职调查

主办券商、会计师、律师三方中介机构分别与申请挂牌企业达成新三板挂牌的合作意向，签订《保密协议》及中介机构服务合同后，进场对公司财务状况、持续经营能力、公司治理、历史沿革、资产、业务资质以及其他重要问题的合法合规事项进行尽职调查，然后判断企业是否符合新三板挂牌的条件，并制定企业重组、整体改制与挂牌方案。时间须 1 个月左右。

2. 有限责任公司改制为股份有限公司

如果现行公司为有限责任公司，需要通过改制，变更为股份有限公司。改制过程需确保企业在股权结构、主营业务和资产等方面维持同一公司主体，将有限责任公司整体以组织形式变更的方式改制为股份有限公司。

改制时，公司需要根据《中华人民共和国公司法》等法律规定，召开董事会、股东会，对公司净资产进行审计、评估，并召开股份公司创立大会、董事会、监事会，选举公司董事、监事及高级管理人员，办理工商变更登记，领取新的营业执照。时间须 1~2 个月。

3. 中介机构制作挂牌申请文件

就企业实现在新三板挂牌，主办券商须制作公开转让说明书、主办券商推荐报告，公司会计师须制作审计报告，公司律师须制作法律意见书等申请文件。时间在两个月左右。

4.通过挂牌的董事会、股东大会决议

整体变更为股份有限公司后，公司董事会召开会议，就拟申请股份到全国中小企业股份转让系统挂牌并公开转让事宜形成决议，提请股东大会审议，同时提请股东大会授权董事会办理相关事宜。在召开股东大会时，股东大会做出同意公司申请进入"全国中小企业股份转让系统进行公开转让"的决议，制定会议记录，并由会议的出席股东（包括股东代理人）签字。

此次董事会及股东大会是企业到新三板挂牌的必要程序，时间需要1个月左右，但可以与其他操作流程同时进行。

5.券商内核

三方中介机构制作完成股票挂牌申请文件初稿后，律师出具《法律意见书》（内核稿），会计师出具《审计报告》（内核稿），主办券商在律师、会计师工作的基础上制作《公开转让说明书》（内核稿）、《尽职调查报告》（内核稿）及《尽职调查工作底稿》（内核稿）等全套挂牌申请文件。

券商项目小组将公司股票挂牌申请文件（内核稿）递交主办券商内核会议审核。内核会议召开后，项目小组根据内核会议反馈意见进行补充调查与说明，并将"对内核会议反馈意见的回复"提交内核专员审核，内核专员审核通过后，出具补充审核意见，同意推荐拟申请挂牌公司进入全国中小企业股份转让系统挂牌。

主办券商出具"主办券商推荐报告"，同意推荐拟申请挂牌公司进入全国中小企业股份转让系统挂牌并公开转让。该工作阶段时间主要取决于各券商内部流程，基本时间在半个月左右。

6.全国中小企业股份转让系统公司审查及证监会核准

主办券商项目小组向全国中小企业股份转让系统公司递交股票挂牌申请文件。全国中小企业股份转让系统公司对申请文件反馈，项目小组对反馈意见进行回复和解答，直至全套挂牌申请文件最终封卷归档，全国中小企业股份转让系统公司出具"同意挂牌的审查意见"。

　　全套挂牌申请文件封卷归档之后，根据《国务院关于全国中小企业股份转让系统有关问题的决定》的规定，股东人数未超过 200 人的挂牌公司申请在全国股份转让系统挂牌，证监会豁免核准。股东人数超过 200 人的挂牌公司，主办券商项目小组需向中国证监会递交企业股票挂牌申请文件（单行本），由中国证监会审查通过后出具核准文件。

　　自申请文件递交至全国中小企业股份转让系统公司，到取得证监会挂牌核准文件，该阶段主要取决于各中介机构前期工作的质量以及公司本身的资质，对于申请文件，全国中小企业股份转让系统公司通常会进行 1~2 次的反馈，总体审核时间在两个月左右。

　　7. 信息披露及股份初始登记

　　完成上述审批程序之后，挂牌企业向全国中小企业股份转让系统公司申请公司证券简称及证券代码，与深圳证券信息公司联系在指定的公开网站上披露相关文件，主要包括公开转让说明书、公司章程、法律意见书、审计报告以及推荐报告等。

　　企业需与中国证券登记结算有限责任公司深圳分公司签订《股份登记及服务协议》，办理全部股份的集中登记。拟挂牌公司股东初始登记的股份托管在主办券商处。企业控股股东及实际控制人挂牌前直接或间接持有的股份分三批进入系统转让，每批进入的数量均为其所持股份的 1/3。进入的时间分别为挂牌之日、挂牌期满一年和两年。

　　8. 挂牌

　　在完成股份的初始登记后，企业、主办券商与全国中小企业股份转让系统公司联系确定挂牌日期，完成股份挂牌工作。

　　公司在新三板挂牌后，应按照规定披露年度报告、半年度报告和临时报告。主办券商对所推荐的公司信息披露负有持续督导的职责。

　　企业在新三板挂牌，与在主板、创业板上市相比，周期较短，企业进入主板或创业板，从辅导到股票上市则一般需要两年以上的时间，而企业筹备至最终在新三板挂牌转让，全部流程预计需要半年左右的时间。当然，如果企业自身存在法律或财务等某方面的障碍需要整改的，时间会随着整改进度而有所调整。

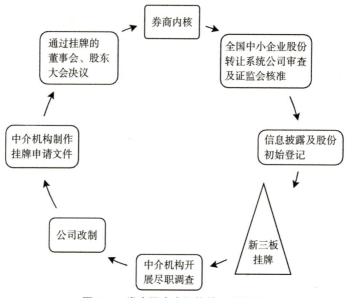

图 5-1　券商及中介机构的工作流程

延伸阅读：主办券商内核专员的工作职责是什么?

主办券商内核机构，应当针对每个项目在内核会议成员中指定一名内核专员。内核专员除承担与其他内核会议成员相同的审核工作外，还应承担以下职责：

（1）整理内核意见。

（2）跟踪审核项目小组对内核意见的落实情况。

（3）审核推荐文件和挂牌申请文件的补充或修改意见。

（4）就该项目内核工作的有关事宜接受全国股份转让系统公司质询。

案例精选

　　天津生隆纤维材料股份有限公司，2005 年 4 月 12 日成立。公司在拟挂牌时，请了中银国际证券有限责任公司为自己的主办券商，北京兴华会计师事务所为会计师事务所，盈科律师事务所为律师事务所。

　　经过主办券商、会计师、律师三方中介机构与公司签订《保密协议》及中介机构服务合同后，即对公司进行了尽职调查，并提出了公司重组改制及挂牌方案。在改制前的 2015 年 5 月 20 日，先由有限公司召开股东会，一致同意以 2015 年 2 月 28 日为基准日对公司的账面净资产进行审计，并以审定净资产折股设立股份有限公司。

　　2015 年 6 月 1 日，兴华会计师事务所（特殊普通合伙）出具了〔2015〕京会兴审字第 10010159 号《审计报告》，确认截至 2015 年 2 月 28 日有限公司经审计的净资产为 24476375.07 元。

　　2015 年 6 月 2 日，北京大正海地人资产评估有限公司出具了大正海地人评报字〔2015〕第 154C 号《资产评估报告书》，确认截至 2015 年 2 月 28 日，有限公司评估净资产值为 30028645.22 元。

　　2015 年 6 月 2 日，吴华伟、厦门盛方生态技术有限公司、陈铭、魏伟、天津正睿资产管理中心（有限合伙）、宋一丁六名发起人共同签署了《天津生隆纤维材料股份有限公司发起人协议》。

　　2015 年 6 月 11 日，天津市市场和质量监督管理会向拟设立的股份公司核发了（市局）登记内名称变核字〔2015〕第 003951 号《企业名称变更核准通知书》，公司名称核准变更为天津生隆纤维材料股份有限公司。

　　2015 年 6 月 11 日，公司依法召开了创立大会，同意以截至 2015 年 2 月 28 日经审计的净资产为 24476375.07 元折合股份公司总股本 2000 万股，每股价格 1 元；超过 2000 万元部分作为股份公司资本公积金，通过了股份公司章程，选举了第一届董事会成员和第一届监事会成员中的非职工代表监事，通过了《股东大会议事规则》、《董事会议事规则》、《监事会议事规则》、《天津生隆纤维材料股份有限公司关联交易决策管理办法》、《天津生隆纤维材料股份有限公司对外担保决策管理办法》、《天津生隆纤维材料股份有限公司重大投资决策管理办法》、《天津生隆纤维材料股份有限公司投资者关系管理制度》、《天津生隆纤维材料股份有限公司信息披露制度》等。

2015年6月11日，兴华会计师事务所（特殊普通合伙）出具了〔2015〕京会兴华验字第10010016号《验资报告》，验证截至2015年2月28日，股份公司发起人已按照有限公司经审计的净资产24476375.07元，作价人民币24476375.07元，其中20000000.00元折合股本20000000.00股，缴纳注册资本20000000.00元，余额作为资本公积。

2015年6月16日，公司办理了相关工商变更登记手续，取得天津市工商局颁发的《企业法人营业执照》，成为了天津生隆纤维材料股份有限公司。其后，中银国际证券开始制作公开转让说明书、主办券商推荐报告，兴华会计师事务所制作审计报告，盈科律师事务所制作法律意见书等申请文件。

其后，公司召开董事会会议，就拟申请股份到全国中小企业股份转让系统挂牌并公开转让事宜形成决议，并提请股东大会审议，同时提请股东大会授权董事会办理相关事宜。其后，公司做出同意申请进入"全国中小企业股份转让系统进行公开转让"的决议，并制定好会议记录，由会议的出席股东（包括股东代理人）签字。

与此同时，中银国际证券须制作公开转让说明书、主办券商推荐报告，兴华会计师事务所制作审计报告，盈科律师事务所制作法律意见书等申请文件，制作好后，兴华会计师事务所出具《律师意见书》，盈科律师事务所出具《律师意见书》，并交由中银国际证券，在内核会议上进行核准，修订后，中银国际证券将申请文件交由全国中小企业股份转让系统公司审查，因公司股东不足200人，因此未向证监会审批。

全国中小企业股份转让系统公司审查，后返回修改通过后，中银国际证券在指定的网站上披露了生隆纤维公司的公开转让说明书、公司章程、法律意见书、审计报告、推荐报告等。天津生隆纤维材料股份有限公司在与中国证券登记结算有限责任公司深圳分公司签订《股份登记及服务协议》后，得到了证券简称为生隆纤维，证券代码为833520，并成功于2015年9月15日挂牌新三板，从而开始了借助新三板进行产业升级的发展之路。

卖家点评：

1. 小微企业如果想挂牌新三板，必须要根据挂牌条件寻找主办券商与中介机构，并在其指引下开展工作，各项工作马虎不得，不要因工作的琐碎而忽略了其中的某些细节，因为只要有不达标的地方，均会在申请时被打回改正的。

2. 如果企业在改制后，发现有些问题未得以改正，可以再将公司改回有限公司进行修正，完成后再改为股份公司。

二、泰聚泰：全国首家在校大学生创新创业企业成功挂牌

经典案例

成都泰聚泰科技有限公司是一家移动互联网以及物联网领域的应用开发商、服务提供商。这家企业创建时间在2012年7月，较晚，但属于电子科技大学在读博士生所创建的，虽然公司在创办之初即获得了国家和地方的创新基金项目扶持，但经过两年的奋斗，公司的经营一直处于亏损状态，因此，新三板的火爆，为公司提供了一个好的平台。

2015年，成都泰聚泰科技有限公司开始启动了新三板挂牌工程，聘用兴业证券为主办券商，信永中和会计师事务所为会计师事务所，北京市中伦文德律师事务所为律师事务所，在与这些中介机构签订了《保密协议》后，兴业证券、信

永中和会计师事务所、北京市中伦文德律师事务所在经过对公司的调整后，制定出了一系列方案。

首先就是改制，为此，公司召开了董事会、股东会，对公司的净资产进行审计、评估，并出具了相关的审计报告和评估报告，召开股份公司创立大会、董事会、监事会，选举公司董事、监事及高级管理人员，并办理工商变更登记，领取新的营业执照。

接着，兴业证券、信永中和会计师事务所、北京市中伦文德律师事务所开始准备公开转让说明书、主办券商推荐报告，公司会计师制作审计报告，公司律师法律意见书等申请文件。

当一切就绪后，公司变更为股份公司，召开并通过了挂牌的董事会、股东大会决议，制定会议记录，由会议的出席股东签字确认。

随后，三方中介机构制作完成股票挂牌申请文件初稿，律师出具《法律意见书》（内核稿），会计师出具《审计报告》（内核稿），兴业券商在此基础上制作出《公开转让说明书》（内核稿）、《尽职调查报告》（内核稿）及《尽职调查工作底稿》（内核稿）等全套挂牌申请文件，并将材料递交公司内核。内核专员审核通过后，出具补充审核意见，同意推荐拟申请挂牌公司进入全国中小企业股份转让系统挂牌。

兴业券商出具"主办券商推荐报告"，同意推荐拟申请挂牌公司进入全国中小企业股份转让系统挂牌并公开转让。因为公司股东不足 200 人，所以无须上报证监会批准，申请文件由兴业证券直接递交了向全国中小企业股份转让系统公司，并在随后得到了全国中小企业股份转让系统公司出具的"同意挂牌的审查意见"。

公司也得到了证券简称为泰聚泰，证券代码为 833470，并与中国证券登记结算有限责任公司深圳分公司签订《股份登记及服务协议》，办理全部股份的集中登记，在网站上公开转让说明书、公司章程、法律意见书、审计报告以及推荐报告等文件。

在 2015 年 10 月 21 日，泰聚泰实现了新三板挂牌，成为了全国首家成功挂牌新三板的在校大学生创新创业企业，开始了科技借助资本腾飞的梦想。

延伸阅读：什么样的亏损企业不适合挂牌新三板？

因为挂牌新三板条件中没有规定亏损企业是不允许的，所以亏损企业是可以挂牌的，因为新三板所看重的，不是企业现有的盈亏，而是是否具有持续经营能力，因此，那些从主观或客观上不具备或正在丧失持续经营能力的企业，是不适合挂牌的，如下：

（1）企业的业务不具有连续性，在订单获取、成本结转、费用支付方面都是断断续续的。

（2）企业目前亏损的因素在短期内并没法改变，无法在预期内实现盈利。

（3）企业正常情况下是盈利的，而企业为了避税的问题而刻意调整成亏损的企业。这种情况下，企业的很多财务指标都将很难解释清楚，比较典型的是毛利率、存货、成本、资金往来等。

（4）企业目前尽管盈利，但是导致公司亏损并且不能持续经营的因素已经非常明显，这样的企业也不适合挂牌新三板。比如钢铁、水泥、风电等夕阳行业所处的企业，尽管目前还能够盈利，但行业因素和企业经营意愿导致企业盈利持续下滑。

卖家点评：

1. 在主办券商及各中介对企业进行审计、评估时，企业应当拿出实质性的报告，反复强调公司的未来盈利能力，即使是当前企业正处于亏损，因为只有企业有赚钱的本事和可能，券商及中介机构才更乐于推动企业挂牌。

2. 在券商及各中介机构制作各种报告时，企业应以尊重事实为基础，如实出具相关的证明，这样，更有利于这些中介机构找出解决问题的方法，以推动企业早日挂牌。

第六章　小微企业新三板挂牌流程

第一节　改制阶段

一、依法设立股份公司且存续满两年

根据新三板挂牌规则，股份公司需要依法设立且存续满两年，具体要求是：

（1）依法设立，是指公司依据《公司法》等法律、法规及规章的规定，企业向公司登记机关申请登记，并已取得《企业法人营业执照》。

（2）存续两年是指存续两个完整的会计年度。

（3）有限责任公司按原账面净资产值，折股整体变更为股份有限公司的，存续时间可以从有限责任公司成立之日起计算。整体变更不应改变历史成本计价原则，不应根据资产评估结果进行账务调整，应以改制基准日经审计的净资产额为依据折合为股份有限公司股本。申报财务报表最近一期截止日不得早于改制基准日。

延伸阅读：公司改制后要达到什么样的要求？

企业在拟挂牌前，在公司由有限责任公司变更为股份公司后，一定要达到如下要求：

（1）形成清晰的业务发展战略目标。

（2）突出主营业务，形成核心竞争力和持续发展的能力。

（3）避免同业竞争，减少和规范关联交易。

（4）产权关系清晰，不存在法律障碍。

（5）建立公司治理的基础，股东大会、董事会、监事会以及经理层规范运作。

（6）具有完整的业务体系和直接面向市场独立经营的能力，做到资产完整、人员独立、财务独立、机构独立及业务独立。

（7）建立健全财务会计制度，会计核算符合《企业会计准则》等法规、规章的要求。

（8）建立健全有效的内部控制制度，能够保证财务报告的可靠性、生产经营的合法性和营运的效率与效果。

另外，企业申请挂牌新三板，还需要根据《中华人民共和国公司法》、《非上市公众公司监督管理办法》、《全国中小企业股份转让系统业务规则（试行）》、《非上市公众公司监管指引第3号——章程必备条款》等相关法律、法规及规则对股份公司的相关要求，会在后续工作中落实。

案例精选

北京道从交通科技有限公司是一家专注于交通安全领域的公司，公司的公路防撞垫和防撞活动护栏等系列产品种类齐全，安全防护设施技术水平满足欧美标准，自主开发的"安全设施仿真计算软件"使公司具备定制研发的实力，公司与同济大学、英国 ARUP 公司等国内外知名科研咨询机构合作密切。

在申请挂牌前，公司于 2012 年 8 月 2 日完成了由有限公司到股份公司的改制，其后，公司即向全国中小企业股份转让系统提交了挂牌申请。经审定，全国中小企业股份转让系统认为，尽管公司在改制后即申请挂牌，但公司成为有限公司的时间是 2009 年，距申报时的 2012 年，已满足存续两年。

因此，在 2012 年 12 月 28 日，北京道从交通科技股份有限公司成功在新三板挂牌，证券简称为道从科技，证券代码为 430181。其后，道从科技又被深圳市盖娅科技有限公司"借壳"，更名为盖娅互娱。

卖家点评：

1. 企业在拟挂牌新三板时，存续期应当以两个完整的会计年计算，而非两个年头。

2. 如果企业经过改制，在其他条件都达到新三板挂牌要求后，若是存续期不足两年，则也无法实现最终挂牌。

二、中钰资本：业绩高增长，促使企业绕道而行的"借壳之旅"

经典案例

中钰资本管理（北京）有限公司是一家年轻的投资公司，基于对中国大健康产业，是禹勃和原九鼎合伙人马贤明，以及原九鼎整个医药医疗投资团队金涛、王波宇等一起组建的。此前，公司一直致力于对医药医疗企业的投资，并获得了良好的收益。

作为一家投资机构，他们更明白新三板挂牌的意义，然而，公司成立于 2013 年，在短短不到两年的时间里，尽管公司已经成功携手爱尔眼科、一心堂、昌红科技、运盛实业及南京高科等上市公司，合作发行了近十只医药医疗健康产业并购基金，并购范围覆盖了医药制造、医疗器械、移动医疗及医疗服务等领域。然而，其自身上市 IPO 或是登陆新三板，仅仅从依法设立股份公司且存续满两年这一条上就会被否决。

然而，以投资见长的中钰资本自然有其"高招"，它瞄准了一家新三板挂牌企业——华欣远达，证券代码为 430118。华欣远达是一家以呼叫中心系统和 CRM 软件为主要业务的企业，2014 年上半年收入 100 万元。

2015 年 1 月 16 日，中钰资本管理（北京）有限公司参与了华欣远达的定向增发，以发行价格每股 1.01 元的价格，获得了华欣远达 6700000 股的股票。华欣远达股票发行完成后，中钰资本管理（北京）有限公司将持有华欣远达 67.08% 的股份，成为了华欣远达的控股股东，实现了新三板的"借壳"。

2015 年 6 月 4 日，随着华欣远达的一纸公告出台，华欣远达正式更名为中钰控股，中钰资本管理（北京）有限公司成功实现了登陆新三板，成为继九鼎投资、中科招商等 PE 后又一家也是唯一与关注大健康行业的著名私募股权投资机构实现挂牌。

中钰资本管理（北京）有限公司此次的挂牌，是因为自身存续期不足两年，而公司又有新三板挂牌的迫切要求，因此才以定增的方式，借壳达到了挂牌。

延伸阅读：什么是借壳上市？

借壳上市，是指一家公司通过把资产注入一间市值较低的已上市公司，得到这家公司一定程度的控股权，并利用其上市公司地位，使公司的资产得以上市。通常情况下，一家公司借壳上市后，公司会被改名。

一家公司若实现"借壳"，往往通过收购、资产置换等方式取得已上市公司的控股权，这家公司就可以以上市公司增发股票的方式进行融资。很多公司的借壳之举，包括新三板的借壳，均是由于这些借壳的公司，在某些条件不能满足挂牌上市的要求，但又有着靠近挂牌上市的需求，因此才有了借壳之举。

卖家点评:

1. 通常情况下，企业若是存续期不足两年，是无法正常申请新三板挂牌的，"借壳"在正常情况下不可取，但是相对于那些 PE 企业而言，"借壳"往往是一条捷径。

2. 同业之间的产业链上、下游企业之间，同样可以采取重组、合并的形式，实现新三板"借壳"挂牌，但一定要从企业发展的角度出发。

第二节　材料制作阶段

一、材料制作阶段的主要工作

企业在材料制作阶段的主要工作包括：

（1）申请挂牌公司董事会、股东大会决议通过新三板挂牌的相关决议和方案。

（2）制作挂牌申请文件。

（3）主办券商内核。

（4）主办券商推荐等主要流程。主要工作由券商牵头，公司、会计师、律师配合完成。

延伸阅读：主办券商内核的规定和要求是什么？

根据《全国中小企业股份转让系统主办券商推荐业务规定（试行）》规定，关于主办券商内核要求，有以下规定：

第二节　内核机构与人员

第十条　主办券商应设立内核机构，负责推荐文件和挂牌申请文件的审核，并对下述事项发表审核意见：

（一）项目小组是否已按照尽职调查工作的要求对申请挂牌公司进行了尽职调查。

（二）申请挂牌公司拟披露的信息是否符合全国股份转让系统公司有关信息披露的规定。

（三）申请挂牌公司是否符合挂牌条件。

（四）是否同意推荐申请挂牌公司股票挂牌。

第十一条　主办券商应制定内核机构工作制度，对内核机构的职责、人员构成、审核程序、表决办法、自律要求和回避制度等事项作出规定。

第十二条　内核机构应独立、客观、公正履行职责，内核机构成员中由推荐业务部门人员兼任的，不得超过内核机构总人数的1/3。

第十三条　内核机构应由十名以上成员组成，可以外聘。最近三年内受到中国证监会行政处罚或证券行业自律组织纪律处分的人员，不得聘请为内核机构成员。内核机构成员应具备下列条件之一：

（一）具有注册会计师或律师资格并在其专业领域或投资银行领域有三年以上从业经历。

（二）具有五年以上投资银行领域从业经历。

（三）具有相关行业高级职称的专家或从事行业研究五年以上的分析人员。

第十四条 主办券商应将内核机构工作制度、成员名单及简历在全国股份转让系统指定信息披露平台上披露。内核机构工作制度或内核成员发生变动的，主办券商应及时报全国股份转让系统公司备案，并在五个工作日内更新披露。

案例精选

易兰（北京）规划设计有限公司在打算挂牌时，于2015年3月，委托东方花旗担任公司的主办券商，在主办券商的介入下，公司经由改制后，进入了材料制作阶段。经由主办券商牵头，公司、会计师、律师的配合，东方花旗开始对公司进行了内核，并出具了以下意见：

我公司推荐挂牌项目内核委员会于2015年4月17日至4月22日对易兰设计拟申请在全国股份转让系统挂牌并公开转让的备案文件进行了认真审阅，并于2015年4月22日下午召开了内核会议。参与项目审核的内核成员为王晶、叶瑛、邵荻帆、尹璐、冒友华、张勇、王炜共7人，其中律师1名、注册会计师1名、行业专家1名、投行业务专家4名，符合内核会议组成的规定。上述内核成员已签署《东方花旗证券有限公司就推荐易兰（北京）规划设计股份有限公司股份进入全国中小企业股份转让系统公开转让的自律情况自查说明》。上述内核成员不存在担任项目小组成员的情形；不存在本人及其配偶直接或间接持有易兰设计股份的情形；不存在在易兰设计及其控股股东、实际控制人处任职及存在其他可能影响其公正履行职责的情形。

根据《全国中小企业股份转让系统主办券商推荐业务规定》对内核机构审核的要求，内核成员经审核讨论，对易兰设计本次挂牌公开转让出具如下的审核意见：

（一）我公司内核委员会按照《指引》的要求对项目小组制作的《易兰（北京）规划设计股份有限公司公开转让尽职调查报告》进行了审阅，并对尽职调查工作底稿进行了抽查核实，认为项目小组已按照《指引》的要求对公司进行了实地考察、资料核查等工作；项目小组中的注册会计师、律师、行业分析师已就尽职调查中涉及的财务会计事项、法律事项、业务和技术事项出具了调查报告。项目小组已按照《指引》的要求进行了尽职调查。

（二）根据《全国中小企业股份转让系统挂牌申请文件内容与格式指引（试行）》及《全国中小企业股份转让系统公开转让说明书内容与格式指引（试行）》的要求，公司制作了《公开转让说明书》等备案文件，公司挂牌前拟披露的信息基本符合信息披露的要求。

（三）公司设立时名称为北京易地规划设计咨询有限公司。2005 年 9 月更名为北京易兰建筑规划设计咨询有限公司，有限公司于 2014 年 12 月 31 日由有限公司按经审计的原账面净资产折股整体变更为股份有限公司并更名为"易兰（北京）规划设计股份有限公司"。公司依法设立且存续时间已满二年；公司业务明确，具有持续经营能力；公司治理机制结构健全，合法规范经营；公司股权明晰，股票发行和转让行为合法合规；主办券商推荐并持续督导；符合全国股份转让系统有限公司规定的其他要求。

综上所述，公司符合《业务规则》规定的挂牌条件，7 位内核成员经投票表决，一致同意推荐易兰设计挂牌。

其后，在主办券商东方花旗的推荐下，易兰（北京）规划设计股份有限公司于 2015 年 8 月 6 日成功挂牌新三板，证券简称为易兰设计，证券代码为832806。

卖家点评：

1. 主办券商的内核，既是对自身工作的内查，也是对企业之前各种工作的一种检查，因此，拟挂牌企业一定要认真听取主办券商的内核意见，并积极配合其工作，不断完善。

2. 材料制作阶段，企业一定要配合主办券商，做好各种申报材料，即使券商内核中未发现，但企业发现了某些工作上的失误时，也应当及时纠正过来。

二、帝远股份：上游产业"夕阳"，下游产业没前途

经典案例

帝远股份在拟挂牌期，公司经过改制后，在材料制作阶段，经主办券商、会计师事务所、律师事务所等审计后，主办券商中山证券给出了如下内核意见：

公司经营范围为：国内沿海及长江中下游各港间普通货船运输（水路运输许可证有效期至 2016 年 6 月 30 日），汕头市辖区内贸航线船舶代理、货物运输代理（水路运输服务许可证有效期至 2015 年 4 月 8 日），煤炭批发经营（煤炭经营资格证有效期至 2015 年 12 月 27 日）；承办海运、空运、陆运进出口货物的国际货运代理，国内道路货运代理（经营范围中凡涉专项规定须持有效专批证件方可经营）。公司主要业务：从事国内沿海及长江中下游海上干散货运输。公司符合"依法设立且存续满两年"的要求。公司业务明确且主营业务突出，具有持续经营能力。

然而，主办券商的这种内核却并没有深入分析，因为就产业链而言，帝远股份的上游产业：可燃油、煤炭、钢铁、建材等，均属于夕阳产业，受到国家产业政策限制，存在被清洁能源所替代的风险，且公司的营业收入出现持续亏损，因此公司持续经营能力大打折扣，帝远股份作为下游产业，其前途堪忧。所以，全国中小企业股份转让系统驳回了中山证券的推荐，认为帝远股份不适宜在新三板挂牌。

延伸阅读：什么是风险评估？

从信息安全的角度讲，风险评估是对信息资产（即某事件或事物所具有的信息集）所面临的威胁、存在的弱点、造成的影响，以及三者综合作用所带来风险的可能性的评估。作为风险管理的基础，风险评估是组织确定信息安全需求的一个重要途径，属于组织信息安全管理体系策划的过程。因此，在对新三板拟挂牌企业的内核中，应客观对企业的各种风险予以评估与陈述。

卖家点评：

1. 主办券商的内核应当切实负责，不应以只是推动企业挂牌新三板为目的，而应当以企业未来发展为主，因为内核时，应当从企业所处行业的角度来客观评估企业的发展潜能。

2. 企业面临困境，欲通过新三板挂牌，获得资本垂青的愿望可以理解，但企业经营者也应当看清公司所处的行情及未来发展潜力，若未来不具有发展潜力的话，应当首先进行产业升级等，再去想办法通过挂牌等方式走出困境。

第三节　反馈审核阶段

一、反馈审核阶段的主要工作流程

1. 全国股份转让系统公司接收材料

全国股份转让系统公司设有接收企业申请材料的专门服务窗口，申请挂牌公开转让、股票发行的股份公司，通过窗口向全国股份转让系统公司提交挂牌或股票发行的申请材料。申请材料应符合《全国中小企业股份转让系统业务规则（试行）》、《全国中小企业股份转让系统挂牌申请文件内容与格式指引（试行）》等有关规定的要求。

2. 全国股份转让系统公司审查反馈

（1）反馈。对于审查中需要申请人补充披露、解释说明或中介机构进一步核查落实的主要问题，审查人员撰写书面反馈意见，由窗口告知、送达申请挂牌公开转让、股票发行的股份公司及主办券商。

（2）落实反馈意见。申请挂牌公开转让、股票发行的股份公司，应当在反馈意见要求的时间内，向窗口提交反馈回复意见。如需延期回复，应提交申请，但最长不得超过 30 个工作日。

3. 全国股份转让系统公司出具审查意见

申请材料和回复意见审查完毕后，全国股份转让系统公司出具同意或不同意挂牌或股票发行（包括股份公司申请挂牌同时发行、挂牌公司申请股票发行）的审查意见，并通过窗口将审查意见送达申请挂牌公开转让、股票发行的股份公司及相关单位。

延伸阅读：什么是特许经营？

特许经营，是指特许经营权拥有者以合同约定的形式，允许被特许经营者有偿使用其名称、商标、专有技术、产品及运作管理经验等从事经营活动的商业经营模式。而被特许人获准使用由特许权人所有的或者控制的共同的商标、商号、企业形象、工作程序等。但由被特许人自己拥有或自行投资相当部分的企业。经营或从事特许行业的企业，在申请挂牌新三板时，应当附上相应的特许经营许可证明文件。

案例精选

郑州市景安网络科技股份有限公司成立于 2004 年，是一家专业致力于电信基础服务运营的高科技民营 IDC 企业，自建自营数据中心运营服务器两万多台，网站接入量全国排名前三。

在企业改制后的 2015 年，由主办券商国泰君安将公司推荐给全国中小企业股份转让系统后，很快得到了反馈。在反馈意见中，全国中小企业股份转让系统除了对公司提出了一些一般性问题外，还提出了一些特有问题，比如：企业特色分类。

请主办券商在推荐报告中说明同意推荐挂牌的理由，以投资者需求为导向，对公司特色总结归类（除按国民经济行业分类和上市公司行业分类指引以外），可参考维度如下：

（1）按行业分类，例如：战略新兴产业（节能环保、新一代信息技术、生物、高端装备制造、新能源、新材料以及新能源汽车等）、现代农业、文化创意、互联网、高新技术企业、传统产业优化升级、商业模式创新型及其他新兴业态。

（2）按投融资类型分类，例如：挂牌并发行、挂牌并做市、有两个以上的股东是 VC 或 PE、券商直投。

（3）按经营状况分类，例如：阶段性亏损但富有市场前景、同行业或细分行业前十名、微型（500 万股本以下）、职业经理人管理团队、研发费用高于同行业、高投入培育型、产品或服务受众群体或潜在消费者广泛型。

（4）按区域经济分类，例如：具有民族和区域经济特色。

在接到全国中小企业股份转让系统的反馈意见后，公司均一一做了详细回复，如：

公司是一家专业致力于电信增值服务运营的高科技民营企业。公司是河南省最大的 BGP 多线互联网数据中心。公司经营的业务包括互联网设备托管租用、BGP 多线数据中心、云计算产业园建设运营、云计算虚拟化应用、快云 VPS、云服务器、云数据库、云存储等云计算产品以及企业互联网方案解决等。公司利用已有的互联网通信线路、带宽资源，建立标准化的电信专业级机房环境，为企业、政府等信息化行业及领域提供专业的、全方位的信息化服务。

在得到公司答复后，全国中小企业股份转让系统出具了同意国泰君安的推荐，同意郑州市景安网络科技股份有限公司登陆新三板的申请，于 2015 年 7 月 31 日，郑州市景安网络科技股份有限公司成功挂牌，证券简称为景安网络，证券代码为 832757。

卖家点评：

1. 对于某些特殊行业的拟挂牌企业，在针对全国中小企业股份转让系统提出的某些特殊问题时，应当全面地就此做出回答，并附上相应的资质或说明，以充分说明。

2. 某些特殊行业的拟挂牌企业，在针对全国中小企业股份转让系统提出的某些特殊问题时，应当附上企业与国家相关保密机关所签订的相关保密文件以确切证明所言非虚。

二、昱卓贸易：挂牌前突击"借壳"，双主营业务突出

经典案例

唐山市昱卓贸易股份有限公司是一家主要从事进口铁矿石现货贸易服务和中式餐饮服务的公司，在新三板挂牌时的主办券商为湘财证券，会计师事务所为瑞华会计师事务所，律师事务所为北京市海润律师事务所。公司在这三家券商与中介机构的介入下，完成了挂牌前的各项工作，并向全国中小企业股份转让系统提交了申请。

在申请报告中，全国中小企业股份转让系统发现，2015 年 2 月，公司收购了无锡剪刀石头布餐饮有限公司 100% 股权，就此，引发了关注：

报告期内公司实际控制人发生了变化，请主办券商、律师补充核查以下事项并发表明确意见：（1）实际控制人发生变更的原因，目前公司股权是否清晰，是否存在潜在的股权纠纷；（2）对比公司管理团队的变化，说明实际控制人经营公司的持续性、公司管理团队的稳定性；（3）对比实际控制人变更前后公司业务的发展方向、业务具体内容的变化；（4）对比实际控制人变更前后客户的变化情况；（5）实际控制人变更前后公司收入、利润变化情况。主办券商就实际控制人变更对公司业务经营、公司治理、董监高变动、持续经营能力等方面是否产生重大影响发表明确意见，公司结合上述内容就实际控制人变更事项做重大事项提示。

另一个问题是：公司的主营业务问题。

在收到全国中小企业股份转让系统的反馈意见后，湘财证券与唐山市昱卓贸易股份有限公司很快进行了回复，在报告期内，尽管公司股权发生了变化，但均是在双方认可的情况下，合理合法地办理了股权转让，公司实际控制人的变动，并未影响到公司的正常经营。并且，公司收购无锡剪刀石头布餐饮有限公司100% 股权的事实，尽管增加了餐饮这一主营业务，为了能够使公司两种业务能够在未来获得更好的发展，公司不仅聘请了具有多年餐饮从业经验的管理团队，而且建立健全了公司内部管理结构，对公司高级管理人员的业务分工进行了明确，使得公司更能充分发挥公司管理人员的主观能动性，促进公司两种业务的协调发展。

尽管，无锡剪刀石头布餐饮有限公司的被收购，有挂牌前突然"借壳"之嫌，但从昱卓贸易股份有限公司的答案中可以看出，并未影响到公司的经营，因此，全国中小企业股份转让系统还是为其出具了同意挂牌的意见书，昱卓贸易股份有限公司于 2015 年 8 月 24 日成功在新三板挂牌，证券简称为昱卓股份，证券代码为 833396。

延伸阅读：全国中小企业股份转让的反馈意见的模板

关于××股份有限公司挂牌申请文件的反馈意见

××股份有限公司并××证券股份有限公司：

现对由××证券股份有限公司（以下简称"主办券商"）推荐的股份有限公司股票在全国中小企业股份转让系统挂牌的申请文件提出反馈意见，请公司与主办券商予以落实，将完成的反馈意见回复与主办券商内核/质控部门编制反馈督察报告，通过全国股转系统业务支持平台一并提交。

卖家点评：

1. 当企业进入申请挂牌期间内，报告期内经常会出现许多股权交易行为，但只要合情合法，并且认真回复全国中小企业股份转让系统的疑虑，就不会影响到企业挂牌。

2. 企业在报告期内，不要因为发生了一些变动，而认为只要不影响公司正常经营，即可对全国中小企业股份转让系统的反馈意见不在乎，因为只有解释清楚了，才会获准挂牌。若是不认真对待，没问题也会被认为有问题。

第四节　登记挂牌阶段

一、登记挂牌阶段的工作内容

登记挂牌阶段主要是挂牌上市审核通过后的工作，主要工作包括：

（1）分配股票代码。

（2）办理股份登记存管。

（3）公司挂牌敲钟。

这些工作都是由券商带领企业来完成的。

延伸阅读：什么是关联交易？

关联交易，是指公司或是附属公司与在本公司直接或间接占有权益、存在利害关系的关联方之间所进行的交易。关联方包括自然人和法人，主要指公司的发起人、主要股东、董事、监事、高级行政管理人员以及其家属和上述各方所控股的公司。

关联交易在公司的经营活动中，特别是公司购并行动中，是一个极为重要的法律概念，涉及财务监督、信息披露、少数股东权益保护等一系列法律环境方面的问题。

案例精选

深圳市万佳安物联科技股份有限公司成立于 2003 年 3 月，主要从事视频安防监控技术及产品的研发、生产、销售。自公司决定挂牌后，聘请中银国际证券为主办券商，北京市盈科（深圳）律师事务所为法律顾问，大华会计师事务所（特殊普通合伙）为财务审计。在经过了申报获得反馈意见后，公司收到了全国股份转让系统公司同意挂牌的函：

深圳市万佳安物联科技股份有限公司：

你公司报送的《深圳市万佳安物联科技股份有限公司关于股票在全国中小企业股份转让系统挂牌的申请报告》（万佳安〔2015〕1 号）及相关文件收悉。根据《中华人民共和国公司法》、《中华人民共和国证券法》、《国务院关于全国中小企业股份转让系统有关问题的决定》、《非上市公众公司监督管理办法》、《全国中小企业股份转让系统业务规则（试行）》等有关法律法规、部门规章及相关业务规则，经审查，现同意你公司股票在全国中小企业股份转让系统挂牌，转让方式为协议转让。

你公司申请挂牌时股东人数未超过200人，按规定中国证监会豁免校准你公司股票公开转让，你公司挂牌后纳入非上市公众公司监管。请你公司按照有关规定办理挂牌手续。

深圳市万佳安物联科技股份有限公司在收到这份同意挂牌函后，即前去办理了登陆存管手续，并获得了834520的证券代码，证券简称为万佳安。2015年12月7日，由公司在开市时敲钟挂牌，正式登陆新三板。

卖家点评：

1. 企业在登记挂牌阶段，属于履行挂牌手续的时期，因此，期间各种事项均应当按照相关的规定去执行，不要节外生枝，引发最后出现意想不到的变化。

2. 企业在登记挂牌阶段，如果出现某些意外的事件，公司应积极应对，抱着从速解决的思想，尽快处理，以消除不良事件对公司持牌可能造成的影响。

二、登记挂牌阶段的经典案例

经典案例

河北晓进机械制造股份有限公司，成立于2004年3月12日，经营范围包括机械设备、塑料制品（医用塑料制品除外，不含一次性发泡塑料制品和超薄塑料袋）、卡扣的生产、销售、售后服务及技术开发、技术转让，自营本企业产品进出口业务。

2014 年 3 月 7 日，唐山开滦（集团）化工有限公司发生重大爆炸事故，由于该公司使用了晓进机械制造公司生产的乳化炸药装药机。调查报告认定晓进机械为事故责任人，且工信部出具暂停使用公司装药机的通知。

巧的是，期间河北晓进机械制造股份有限公司正在积极申请新三板挂牌，而这起不良的重大爆炸事件，一直到了 2015 年 8 月，河北晓进机械制造股份有限公司也未能实质性地消除该事件对公司经营的负面影响，从而令公司在申请新三板的等待中备受煎熬，以致后来被全国中小企业股份转让系统拒之门外。

然而，公司并不死心，2015 年 9 月 28 日，河北晓进机械制造股份有限公司再次公开又向全国中小企业股份转让系统提交了《公开转让说明书》，却一直到了 2015 年 12 月 8 日，公司才收到了全国中小企业股份转让系统同意公司挂牌的函，在履行完各种手续后，公司在 2016 年 1 月 4 日实现了挂牌，终于如愿以偿地登陆新三板。

延伸阅读：公开转让说明书与招股说明书有什么区别？

招股说明书是公司首次公开发行时的文件，也就是公司 IPO 上市时候的文件。公开转让说明书是新三板企业挂牌时的文件，内容包括总则、基本情况、公司业务、公司治理、公司财务、定向增发（如挂牌的同时有增发计划）及有关声明等。

卖家点评：

（1）企业在申请新三板挂牌期间，一旦出现因公司产品或服务出现恶性纠纷的情况时，甚至是挂牌申请前出现的重大事故，如果公司不能积极处理、妥善处理好事件所造成的负面影响，那么会影响到企业的挂牌。

（2）企业即使是到了挂牌的最后冲刺阶段，也一定要严格把关自身的产品生产与服务，不要因一时的疏忽而引发事端，使挂牌成为泡影。

第七章 小微企业挂牌新三板时的疑难问题

第一节 小微企业挂牌新三板时的体制问题

一、主体改制问题

按照《国务院关于全国中小企业股份转让系统有关问题的决定》（国发〔2013〕49 号）和《全国中小企业股份转让系统业务规则（试行）》等相关规定，申请在全国股份转让系统挂牌的公司必须为股份公司。

因此，企业在挂牌新三板时必须要进行改制。

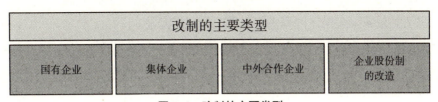

图 7-1　改制的主要类型

延伸阅读：什么是改制？

改制，是指依法改变企业原有的资本结构、组织形式、经营管理模式或体制等，使其在客观上适应企业发展新需要的过程。实践中，改制包括国有企业的改制、集体企业的改制、中外合作企业的改制、企业股份制的改造等。

对于企业来说，改制主要有四点好处：

（1）有利于建立现代企业制度，规范法人治理结构，促使企业持续稳定经营。

（2）有利于提高企业管理水平，降低经营风险。

（3）有利于建立归属清晰、权责明确的现代产权制度，增强企业创新的动力。

（4）有利于企业进入资本市场进行资本运作，利用金融工具进行资源整合，做大做强。

案例精选

成都云晖航空科技股份有限公司主营业务为空中互联网系统平台研发和营运、机上娱乐系统多媒体内容供应以及手机应用开发。

由于公司规模较小，而在国家互联网战略之下，当地政府对以上市（挂牌）为目的进行股份制改造的企业，完成股份制公司工商注册后给予 50 万元一次性补贴。

为了帮助企业实现权益价值，成都高新区建立"政府引导市场主体"推进机制，有效厘清"有为政府"和"有效市场"的边界，推动企业改制上市服务全程化，借助资本市场催化自主创新、撬动经济转型升级。

因此，成都云晖航空科技股份有限公司在改制初期，成都高新区即针对企业可能遇到困难的环节，制定了一套具有全国竞争力的创新政策，引导企业大胆走进资本市场，从而使成都云晖航空科技在 2015 年成功完成了企业的股份制改造，并于 2016 年 1 月 18 日成功挂牌新三板，证券简称为：云晖科技，证券代码为835247。

卖家点评：

（1）从短期目标来看，很多企业改制是为了推进企业挂牌，但从长期来看，企业改制是为了能够更规范化地发展。

（2）对于拟挂牌企业来说，不能只以为挂牌而改制，要认真对待改制过程中所遇到的各种问题，并认真在改制过程中予以合法解决。

二、股份来源

股份来源，是指企业在进行股份制改造的过程中，对于企业的股份，以及实际持有者的股份是如何获得的，比如原始创业的出资获得，或是通过转让等方式获得等，均应当在改制的过程中对其来龙去脉厘清，以便于挂牌后的交易是合规合法的。在企业转制为股份公司时，则应当符合股份公司的规定，因此，此阶段，企业一定要厘清公司股权的来源与合法性。

延伸阅读：股份有限公司的设立途径有哪些？

（1）发起设立。即所有股份均由发起人认购，不得向社会公开招募。发起人数须符合法定人数：应当有两人以上200人以下为发起人，其中须有半数以上的发起人在中国境内有住所。

（2）招募设立。即发起人只认购股份的一部分，其余部分向社会公开招募。发起设立的全部发起人，首次出资额不低于注册资本的 20%，其余在两年内缴足，缴足前不得向他人募集股份；募集设立的注册资本为在登记机关登记的实收股本。

股份有限公司注册资本的最低限额为人民币 500 万元。法律、行政法规对股份有限公司注册资本的最低限额有较高规定的，从其规定。

案例精选

中山鑫辉精密技术股份有限公司，是中山市最大的集设计与制造于一体的五金精密加工厂之一，主要产品为精密连续冲压五金模具、五金冲压产品、五金非标零配件、自动化设备、工装夹具、检具、汽车冲压配件、高尔夫产品及钣金制品等，同时可承接真空热处理、激光切割、五金冲压等加工业务。

公司在决定申请挂牌新三板后，开始了重组改制，公司的前身中山鑫辉汽车模具实业有限公司（以下简称有限公司）成立于 2009 年 7 月 21 日。2014 年 8 月 2 日，有限公司股东会决议，以有限公司现有股东为发起人，以经审计的有限公司截至 2014 年 6 月 30 日的净资产值 28250051.76 元中的 2100 万元按 1∶1 比例折为 2100 万股，净资产余额 7250051.76 元计入资本公积金，整体变更为股份公司。

股东持股：自然人夏炎 1260.00 万股，自然人张菊珍 840.00 万股，合计 2100.00 万股。使公司在股权清晰的情况下，确认了股份来源，明晰了股份公司的股权结构，并确认股东所持股份不存在权属争议或潜在纠纷，也不存在不适宜担任股东的情形。因此，公司顺利地完成了股份公司的改制，并在工商登记部门变更了登记。在其后的 2015 年 1 月 22 日，中山鑫辉精密技术股份有限公司得以在新三板挂牌，证券简称为：鑫辉精密，证券代码为 831818。

卖家点评：

（1）企业在进行改制时，一定要做到股权清晰，尤其是对于原有公司持股的性质或来源，并在出资清晰的前提下，在审计部门的监督下，做好股权的合法转让与折股，以确保股份公司的股权均合法。

（2）若是企业在改制时涉及国有资产或集体资产，更应做到股权来源清晰，改制后符合挂牌要求。

三、出资方式与过程

出资方式，是指为公司或企业投入资金注册的形式。出资的方式不仅有货币方式，还有其他方式，如实物、知识产权、土地使用权、劳务和信用出资等。如图 7-2 所示。

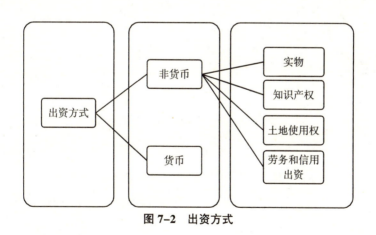

图 7-2　出资方式

实物。实物出资，一般是以机器设备、原料、零部件、货物、建筑物和厂房等作为出资。

知识产权。知识产权是指人们对其智力劳动成果所享有的民事权利。传统的知识产权包括商标权、专利权和著作权。

土地使用权。公司取得土地使用权的方式有两种：①股东以土地使用权作价后向公司出资，而使公司取得土地使用权；②公司向所在地的县市级土地管理部门提出申请，经过审查批准后，通过订阅合同而取得土地使用权，公司依照规定缴纳场地使用费。前者为股东的出资方式，但必须依法履行有关手续。

劳务和信用出资。适用于某些大陆法系国家。

延伸阅读：什么是非货币出资？

根据现行《中华人民共和国公司法》规定，股东可以以货币出资，也可以以实物、知识产权、土地使用权等能够用货币估价并可以依法转让的非货币财产作价出资。然而，法律、行政法规规定不得作为出资的财产除外。

对于作为出资的非货币财产，应当评估作价，核实财产，不得高估或者低估作价。法律、行政法规对评估作价有规定的，从其规定。

2009 年，工商总局发布了《股权出资登记管理办法》，从此股权出资也可以成为非货币出资方式之一。

案例精选

上海艾融信息科技有限公司成立于 2009 年 3 月。2013 年 4 月，公司注册资本由 500 万元增加至 1500 万元，增加注册资本 1000 万元，由股东以无形资产"i2 网上商城系统 V3.0"著作权作为无形资产对公司进行投资。

然而，在公司挂牌前进行改制时，经律师核查后发现：2009 年 3 月至 2013 年 11 月，该股东任原有限公司总经理，其有可能涉嫌利用公司提供物质或其他条件形成前述著作权（职务成果），可能会引起全国股转公司产生出资不实的合理怀疑。

为此，律师认为：如果属于股东在公司任职的时候形成的，无论是否以专利技术或者非专利技术出资，股东都有可能涉嫌利用公司提供物质或者其他条件完成的该等职务成果（职务发明），该等专利技术或者非专利技术应当属于职务成果（职务发明），应当归属于公司。如果职务成果（职务发明）已经评估、验资并过户至公司，一般做法是通过减资程序规范。

因此，在律师的建议下，公司采取了处置措施：2013 年 9 月 24 日，公司股东会作出决议，将公司注册资本由 1500 万元减少至 500 万元。减资部分为前述股东 1000 万元的知识产权出资，且该股东放弃其对该项无形资产的权属，减资后该无形资产仍归属公司。

2014 年 6 月 9 日，公司得以在新三板挂牌，证券简称为：艾融软件，证券代码为 830799。

卖家点评：

（1）企业在改制的过程中，对于出资的方式需要明确，如为非货币出资时，应当有相关的证明，证明出资方确实拥有这一专利技术或者非专利技术的拥有权，否则不能以非货币的形式出资。

（2）对于股东出资的形式确认后，企业更应当将之在股东会上通过，并形成具有法律效力的文件。

四、新三板挂牌时的体制问题

经典案例

上海青浦资产经营股份有限公司是一家国有企业，这一点在公司改制时已经明确，尤其是对股东的情况，股东为上海青浦发展（集团）有限公司，占比98.87%，以及上海青浦现代农业园区发展有限公司，占比 1.13%，均为国有独资公司。因此，青浦资产国有股比例为 100%，是国有完全控股的公司。

上海青浦资产经营股份有限公司于 2014 年 10 月 29 日向全国股转系统提交挂牌申请材料。根据其公开转让说明书指出，青浦资产在申请挂牌时是国资性质，然而，在公司申请挂牌时，全国股转系统在反馈意见中却提出了"核查程序合规性"以及"提供国有股权设置批复文件"两点。

为此，青浦资产将公司国有股权设置时的一些文件附上，做了回复：

2014 年 9 月 2 日，青浦区国资委出具《关于上海青浦资产经营股份有限公司国有股权管理有关问题的批复》（青国资委〔2014〕108 号），确认：上海青浦发展（集团）有限公司（国有独资公司，系青浦股份国有股东）持有 14831.00 万股，占总股本的 98.87%。上海青浦现代农业园区发展有限公司（国有独资公司，系青浦股份国有股东）持有 169.00 万股，占总股本的 1.13%。如青浦股份进入全国中小企业股份转让系统挂牌公开转让，上述国有股东在证券登记结算公司登记的证券账户应标注"SS"标识。

结论意见：公司在整体变更为股份公司、历次重大资产重组过程中，按照法律要求履行了国资批复程序。

因为青浦资产的国有股权设置并不存在瑕疵，因此，在回复反馈时提供了青浦区国资委出示的国有股权设置批复文件，证明了公司设立主体，程序合法、合规。因此全国股转系统并未就其国有股权设置批复问题提出第二次反馈意见，其后，当青浦资产其他问题得以解决后，公司于 2015 年 1 月 20 日成功挂牌新三板，证券简称为：青浦资产，证券代码为 831711。

延伸阅读：新三板改制中要关注的关键问题是什么？

（1）明确企业改制的利弊。

（2）主体资格的确认。企业改制是为了新三板挂牌，那么就有必要了解什么样的企业才可以上新三板，这样才能在改制中满足这些要求，达到挂牌新三板的目的。

（3）加强政府及专业机构的辅导。由于拟挂牌企业都是初创期的企业，一般存在公司规模小、管理混乱、财务基础薄弱等特定问题。因此，拟挂牌企业一旦确定了改制目标，就需要积极地跟这些政府部门、中介机构联系，提前并有针对性地解决企业所存在的特定问题，以提高企业改制的效率。

（4）规范企业的治理结构。

（5）突出企业的主营业务。公司改制的一个重要任务就是突出企业的主营业务，且企业主营业务带来的收入和利润应占较大的比重。因此，改制过程中会尽量减少企业的多元化业务，将主营业务突出。

（6）应尽量避免企业与股东的关联交易和同业竞争。

（7）企业之前的资金募集和资产重组行为符合法律规定。新三板明确要求，拟挂牌企业的股份发行和转让行为必须合法合规。企业在改制前可能会有私募融资或其他资产重组的行为，但这些行为必须合法合规，也不能导致企业的主营业务受到重大影响。

（8）企业的财务会计制度符合会计准则。

卖家点评：

（1）企业挂牌前的改制，公司不仅是在形式上的改变，也是对公司现在体制与股权、经营结构等的重组与改革，目的是突出主营业务，规范化发展，从而实现盈利能力的提高。

（2）企业挂牌前的改制，体制变更时，不仅公司要形成文件，同时，在向全国中小企业股份转让系统得奖申请文件时，也应附上相关的文件或证明。

第二节　小微企业新三板挂牌的业务与经营问题

一、业务所需资质相关问题

业务资质是指企业在经营某一业务时应当具有的资质，而企业无论是在改制过程中还是正常经营中，必须拥有这一资质，才被视为合法经营。因此，企业在申请新三板挂牌时，必须取得相关部门颁发的这一资质许可性证明，否则难以挂牌。

案例精选

秦皇岛天秦装备制造股份有限公司是一家军工企业，主要从事高性能工程塑料及其制品、树脂基复合材料及其制品的设计、开发、生产与销售。就是这样一家军工企业，在申请新三板挂牌时，却遇到了一个棘手的问题。

公司成立于 1996 年 3 月 12 日。在公司改制时，因名称的变更需要主管部门的同意，因此，公司及时向国防科工局递交了申请，并于 2014 年 11 月 19 日收到了变更手续正在办理的通知。但是，一直到 2015 年 8 月，公司依然没有办理好这一问题。

此时，从客观上讲，尽管公司属于军工企业，但此时却成了一家没有资质的公司，因此，在向全国中小企业股份转让系统申请挂牌时，未能获准。

一直到后来，当公司收到国防科工局同意更名后，才办好了相关诸如营业执照等问题，终于在 2015 年 10 月 8 日为全国中小企业股份转让系统获准，得以成功挂牌新三板，证券简称为：天秦装备，证券代码为 833742。

延伸阅读：什么是特种行业？

特种行业，是指工商服务行业中所经营的业务内容和性质特殊，容易被违法犯罪分子利用进行违法犯罪活动，易发生治安灾害事故，依据国家和地方的行政法规，由公安机关实施治安管理的特定行业的总称，简称"特行"或"特业"。

（1）旅馆业（包括旅社、饭店、宾馆、酒店、招待所、有接待住宿业务的办事处、培训中心、住客浴室及度假村等）。

（2）印铸刻字业（包括印刷、排版、制版、装订、覆膜、复印、打字、制作名片、铸字、印章及刻字等）。

（3）旧货业（包括旧货市场、生产性废旧金属收购站点、寄售调剂店、报废机动车（船）回收及拆解企业等）。

（4）典当业。

（5）拍卖业。

（6）信托寄卖业。

凡从事上述行业均应办理《特种行业许可证》。

卖家点评：

（1）资质是企业从事特种经营的许可证，因此，企业只有在改制中，及时获得相关主管部门的许可后，方才说明企业具有这一方面的经营权。否则，全国中小企业股份转让系统则以无资质论处。

（2）特殊行业的企业，在申请挂牌时，除了要按照要求改制外，对于主营业务的经营，应附上相关主管部门的特殊证明，以示公司经营为合法经营。

二、同业竞争问题

同业竞争，是指公司所从事的业务与其控股股东，或实际控制人，或控股股东所控制的其他企业，或实际控制人所控制的其他企业所从事的业务相同或者近似，彼此双方构成或可能构成直接或间接的一种竞争关系。

比如，公司 A 是由股东 A 与股东 B 组成的，是一家生产尿素的公司。但股东 A 却与股东 C 又成立了一家公司 B，同样也是生产尿素的公司。这种情况，就等于是股东 A 分别占据有两家生产尿素的股东，公司 A 与公司 B 之间就形成了一种同业竞争的关系（见图 7-3）。

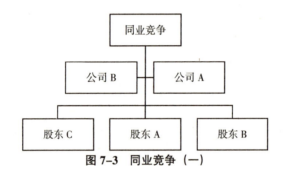

图 7-3　同业竞争（一）

这是一种因同一股东同时参与两家相同业务所构成的一种同业竞争。

除了这种因同一股东同时参与两家或多家公司而形成的两家或多家公司的直接业务上的竞争外，还有一种间接的同业竞争。比如，股东 A 是一家从事牛奶加工的企业，股东 B 是一家饮料公司，两家公司共同出资成立了一家新的食品公司 A。在公司 A 的业务当中，有一个部门同样是生产牛奶的。这样，新的公司 A 与股东 A（公司），两者之间因业务重合，同样会形成一种同业竞争的关系，因为新公司 A 与股东 A 的公司之间，同样存在着产品、销售区域等方面的竞争。因此，这种情况同样是一种同业竞争。

如图 7-4 所示，这种新成立公司在业务上与股东（公司）业务的部分重合，同样是一种同业竞争。

在新三板挂牌条件和指引中，并未对同业竞争的情况做出具体规定，因

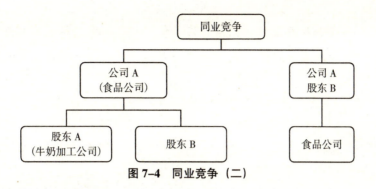

图7-4 同业竞争（二）

此，即使是新公司与股东之间存在这种同业竞争的情况，同样可以申请挂牌新三板。

延伸阅读：什么是资产重组？

资产重组是指企业改组时，将原企业的资产和负债进行合理划分和结构调整，经过合并、分立等方式，将企业资产和组织重新组合与设置。

狭义的资产重组仅指对企业的资产和负债的划分与重组。

广义的资产重组还包括企业机构和人员的设置与重组、业务机构和管理体制的调整。市场上所指的资产重组一般都是广义的资产重组。

资产重组分为内部重组与外部重组。

内部重组，是指企业将其内部资产按优化组合的原则，进行重新调整和配置，以期充分发挥现有资产的部分效益和整体效益，从而为经营者带来最大的经济效益。在这一重组过程中，仅仅是企业内部管理机制和资产配置发生变化，资产的所有权不发生转移，属于企业内部经营和管理行为，因此不与他人产生任何法律关系上的权利与义务关系。

外部重组，使企业或企业之间通过资产的买卖（收购或兼并）、互换等形式，剥离企业不良资产、配置优良资产，使现有资产的效益得到充分发挥，从而获取最大的经济效益。这种形式的资产重组，企业买进或卖出的部分资产，或使企业丧失独立主体资格，但其实只是资产的所有权在不同的法律主体之间发生转移，因此，此种形式的资产转移的法律实质就是资产买卖。

案例精选

在 2013 年北京东软慧聚信息技术公司申请挂牌新三板时，在公司的股东中有辽宁创业投资有限公司及其他自然人，并且辽宁创业投资有限公司为公司的第一大股东，而公司的主营业务为 ERP 咨询服务业务、ERP 运维服务业务、软硬件产品销售业务。这一点本没什么，但其大股东辽宁创业投资有限公司的大股东却是一家上市公司，为东软集团（600718），公司是以软件开发和软件服务、系统集成及提供全面解决方案、医疗系统产品生产和销售为主要业务领域的高科技企业。

在东软集团的众多业务中，其辖下 ERP 事业部的部分业务，其实是与北京东软慧聚信息技术公司 ERP 运维服务业务有重叠的。这样，北京东软慧聚信息技术公司的业务与其间接的股东东软集团就出现了同业竞争（见图 7-5）。

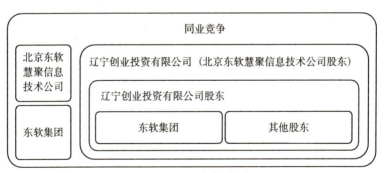

图 7-5　同业竞争（三）

北京东软慧聚信息技术公司与东软集团之间的这种同业竞争关系，是由股东控股之间的间接控股行为造成的，尽管在业务上只是部分的重叠，但同样属于一种同业竞争。然而，北京东软慧聚信息技术公司在其后申请新三板挂牌时，因在新三板挂牌条件和指引中，未对同业竞争有具体规定，因此在新三板挂牌条件和指引中并未受同业竞争现象所影响，并在 2013 年 7 月 3 日，成功在全国中小企业股份转让系统（即新三板）正式挂牌，其证券简称为：东软慧聚，证券代码为430227。

在东软慧聚成功实现新三板挂牌后的 2009 年，东软集团为了避免与东软慧聚业务上的同业竞争局面，也为规范集团内部经营范围，以实现健康发展，对集团辖下"ERP 事业部"的目标市场进行了明确的划分，设定了其与东软慧聚各自业务的专属行业，其中，"ERP 事业部"负责石油、地铁、柴油机、重工、钢铁、家用电器等行业，北京东软慧聚信息技术有限公司负责烟草行业（包括工业、商业、物资及烟机设备配套企业）、电力行业（包括电网、发电企业）及"ERP 事业部"未涉及的其他行业。东软集团辖下的 ERP 事业部已并入并成为"解决方案事业部"。

卖家点评：

（1）同业竞争的存在必然使得相关联的企业无法完全按照完全竞争的市场环境来平等竞争，是一种不良的商业行为。即使是公司在挂牌新三板的过程中未有明确的规定，但如果欲挂牌新三板或申请主板上市的公司，如果存在同业竞争的情况，应当对相关的业务进行重新规划与整合，以利于公司以后的健康良性发展。

（2）企业在挂牌新三板后，如果通过融资后，发现公司业务与公司新进股东之间存在同业竞争，要及时与股东沟通，早日进行资产重组。

三、土地房屋对公司经营造成的问题

在报告期内，申请挂牌的企业，必须保证期间进行的一切关于土地房屋的建设或租赁与转让等交易，都必须是建立在合法的基础上，才能说明公司的运营是

规范的。因此，报告期内的所有涉及土地房屋的变动，企业都必须做到有据可查，有法可依。

延伸阅读：什么是报告期？

报告期是报告期加权综合指数的简称，又称为帕氏指数，是1874年德国学者帕煦所提出的一种指数计算方法。它是在计算一组项目的综合指数时，把作为权数的变量固定在报告期。

企业在申请新三板时的报告期，是指申请文件中所涉及事件的时间之内。

案例精选

武汉保华石化新材料开发股份有限公司，是一家主要从事研发、生产、销售重芳烃产品（橡胶助剂、塑料助剂）和基质沥青等业务的公司。

2007年，公司与武汉青山经济开发区管委会签订了《入驻园区协议书》以及《园区土地租赁协议书》，续签后的租赁期限至2018年12月31日。2010年12月，保华石化在该土地上建设了一栋综合服务楼，取得了管委会同意。但由于该土地所有权不属于保华石化，故一直未能办理《施工许可证》等手续，也未能取得土地证和房产证。

因此，在公司申请新三板挂牌时，全国中小企业股份转让系统在《反馈意见》中，要求律师就"公司承租土地地上建筑物是否合规，有无潜在风险"发表意见。

公司在回复中，做了一份补充的法律意见书：公司承租的土地权利人为"武汉市土地整理储备中心"，保华石化未取得该土地使用权，无法办理《规划许可证》、《施工许可证》等手续，不属于合规建筑。土地所有权人后来出具证明，认可园区管委会有权将土地出租给保华石化，并支持公司按照现状参与工业园区用地的招、拍、挂手续。公司的控股股东又出具兜底的承诺。因此，律师认为公司向管委会租赁的行为符合相关规定，无潜在风险。

在得到答复后，全国中小企业股份转让系统即核准了申请，武汉保华石化新材料开发股份有限公司得以在 2013 年 8 月 15 日挂牌，证券简称为：保华石化，证券代码为 430302。

卖家点评：

（1）企业在申请新三板挂牌的报告期内，所有土地房屋出现变更，都必须是合法的，并且不能因为这种变动而影响到企业的经营，否则就会形成一种经营风险，影响到挂牌。

（2）企业在申请新三板挂牌的报告期内，若是土地房屋出现变更，涉及股权变动，或是出资时，同样需要专门说明。

四、持续亏损对公司持续经营能力的影响

很多成长中的小微企业，它们登陆新三板，多是以希望借助新三板的融资功能，以解决公司在成长中所遇到的资金问题，从而实现做强做大。但是在实际过程中，由于有些企业在持续经营能力上，因为在报告内对风险评估或是公司出现接连亏损的原因未能列明，使得公司在申请过程中遇到了阻力，所以企业在申请挂牌时，一定要对公司的亏损原因列明，并找出造成亏损的具体原因，说明这种原因并不会影响到公司的持续经营能力以降低公司挂牌后给投资者可能带来的经营性风险，达到挂牌。

延伸阅读：什么样的公司才具有持续经营能力？

持续经营能力，是指公司基于报告期内的生产经营状况，在可预见的将来，有能力按照既定目标持续经营下去的企业，应当符合如下条件：

（1）公司业务在报告期内应有持续的营运记录，不应仅存在偶发性交易或事项。营运记录包括现金流量、营业收入、交易客户及研发费用支出等。

（2）公司应按照《企业会计准则》的规定编制并披露报告期内的财务报表，公司不存在《中国注册会计师审计准则第1324号——持续经营》中列举的影响其持续经营能力的相关事项，并由具有证券期货相关从业资格的会计师事务所出具标准无保留意见的审计报告。

（3）公司不存在依据《公司法》第一百八十一条规定解散的情形，或法院依法受理重整、和解或者破产申请。

案例精选

百合网是国内一家婚恋网站。世纪佳缘率先在美国纳斯达克上市后，因迅速跌破发行价，导致公司正在加速私有化，并准备从美国退市，回归国内上市。

在这样一种背景下，百合网也开始加速国内的上市进程，以率先占领国内资本市场，然而在决定挂牌新三板时，公司的净利润在2013年、2014年及2015年1~5月，分别为-33067642.58元、-37040792.56元、-135307.57元。

这说明，在两年多的时间里，百合网的经营一直是处于亏损状态的，尽管在券商的推荐报告中显示，公司的这种持续亏损被定为广告营销费用巨大、公司持续进行业务布局形成的。但全国中小企业股份转让系统公司却在反馈意见中，要求公司补充"披露盈利能力较低的具体原因"。

尽管在券商的推荐报告中，公司已在《公开转让说明书》中提及了这一问题，但在接到反馈意见后，公司仍然就这一意见做了回复，说明报告期内公司出现持续亏损的首要原因，是公司的营运成本高。其次，目前国内婚恋网站线上的业务模式趋同，各个婚恋网站均需要通过广告营销吸引注册用户。这也就是说，百合网大举"烧钱"的营销仍然会继续上演，因此，公司寻求资本介入的步伐仍会加快。

同时，公司还推崇在这方面做得较成功的"竞品"，较早地推行了大规模的品牌推广所获得的成功。因此，百合网从 2012 年开始，采取了以扩大市场份额为主的市场策略，欲通过大规模的广告投放，然而，公司此举却增加了近期的亏损。

在得到如实答复后，百合网挂牌后的融资风险得到了一定释放，最终被全国中小企业股份转让系统公司同意挂牌，证券简称为：百合网，证券代码为834214。

卖家点评：

（1）报告期内，企业如果出现持续亏损，应当详细说明造成这种亏损的原因，即使是战略性的投资失误，只要找到原因，并拥有重新布局经营的能力，同样可以获准挂牌。

（2）企业主动说明造成报告期内亏损的原因，也是降低挂牌后投资者介入时风险的有效方法之一，从而吸引挂牌后的投资者，因为投资新三板的投资机构，其所看重的并不是企业的现在，而是预期。

五、大树智能：实际控制人变更，公司正常经营

经典案例

南京大树智能科技股份有限公司是一家长期致力于为卷烟工业和复烤工业提

175

供工业自动化产品与服务的科技创新型企业。

公司在发展过程中，决定挂牌新三板，以实现公司的资本化运行，但在申请期间，公司却出现了实际控制人的变更。在报告期内，改制前的大树有限公司为王李宁的全资控股公司，但公司日常生产经营却均由总经理兼董事王李苏负责，并且在 2010 年 5 月 12 日，王李宁曾书面授权王李苏全权办理大树有限公司的全部经营管理事项，然而公司的重大决策则由王李苏、王李宁讨论并取得一致意见后决定。

因此，当时王李宁、王李苏为公司的共同实际控制人。到了后来的 2012 年 5 月，王李宁将其所持的公司股权全部转让给王李苏、王军。其中王李苏受让 60%，成为控股股东，并仍担任公司董事长、总经理，所以，这样一来，公司的实际控制人发生了变更，由王李宁改为王李苏。

报告期内，公司实际控制人发生变更，而这一变更，可能会改变公司原有的治理结构及发展路径，进而有对公司的生产经营产生不利影响的风险。

然而，只要分析公司控股人之间的关系就会发现，王李宁为王李苏的姐姐，因常年定居国外，所以不便管理国内公司的生产经营，因此在 2010 年，王李宁才全权委托弟弟王李苏负责公司的日常经营活动。最初，公司有重大事项，王李苏须与姐姐王李宁商定，但随着年龄增长及精力有限，王李宁又于 2012 年 5 月 18 日出具了《大树智能科技（南京）有限公司股东决定》，将其所持有的全部股权转让给国内的家人王李苏及王军，王军又为王李宁、王李苏二人的父亲，年事已高，因此，公司的实际控制人才变为了王李苏。

大树智能在报告期内出现的这种控制人的变动，其实并不会影响到公司的正常经营，对公司的持续经营能力不会产生影响，因此在 2014 年 1 月 24 日，南京大树智能科技股份有限公司成功在新三板挂牌，证券简称为：大树智能，证券代码为 430607。

延伸阅读：如何认定实际控制人？

（1）单独或者联合控制一个公司的股份、表决权，达到或者超过 30%。

（2）单独或者联合控制一家公司的股份、表决权，超过该公司股东名册中持股数量最多的股东行使的表决权。

（3）通过单独或者联合控制的表决权，能够决定一家公司董事会半数以上成员当选的。

（4）能够决定一家公司的财务和经营政策，并能够从该公司的经营活动中获取利益的。

（5）有关部门根据实质重于形式原则，判断某一主体事实上能对公司的行为实施控制的其他情形。

卖家点评：

（1）企业在拟挂牌新三板时，如果报告期内发生实际控制人变更，应当及时出具相关法律文书，并具体说明原因，以及原控制人与变更后的控制人之间的关系、这种变更可能会对公司的经营所造成的风险。

（2）即使公司在报告期内发生变更的不是公司的实际控制人，而是股东或董事等，但如果人数过多，同样可能会影响到公司的经营能力，因此也要说明原因，并给出经营性风险评估。

第三节　小微企业新三板挂牌时的股东与股权问题

一、股权明晰

股权明晰是企业实现新三板挂牌的一个条件，因为只有股权结构清楚了，权属分明了，企业在新三板实现挂牌后，其间发生的股权转让等交易才合法，因为一旦公司的股权出现代挂等现象，或是层层代持，那么很容易出现纠纷，从而影响到股权交易及企业的正常融资与经营。

延伸阅读：股权代持有什么法律风险？

（1）股权代持协议被认定为无效时的法律风险。当股权代持协议被法律上认定为无效协议时，容易引发出资人与公司名义股东之间的权益与利益发生争执和纠纷。

（2）名义股东被要求履行公司出资义务的风险。因为代持协议的效力不能对抗善意第三人，所以名义股东承担公司的出资义务。但是，如果出现实际投资人违约不出资，那么名义股东则面临着必须自己出资的风险。

（3）税收风险。在股权代持现象中，一旦条件成熟，实际股东准备解除这份代持协议时，那么，实际出资人与名义股东都将面临税收的风险。

（4）公司注销风险。这种情况大多出现在外资为实际出资人的时候，如果公司因经营不善注销，实际出资人与名义股东发生纠纷，那么根据相关审判，相关代持协议效力能够得到认可，但实际出资人却不能直接恢复股东身份，需要先清算注销公司，再经相关部门审批设立外商投资企业方可。

案例精选

北京必可测科技股份有限公司是为石化、电力、冶金等工业企业提供专业设备监测、检测、维护管理服务，以及相关配套产品供应服务的一家高新技术企业。

经过多年的摸索与发展，公司决定挂牌新三板，借助资本市场的力量，大力发展企业。

公司在改制过程中，因资金的缺口，曾多次出现增资的现象，并且存在股票代挂的现象，而为了使公司的股权做到明晰，避免挂牌后转让交易中出现纠纷，公司在 2012 年 5 月 23 日召开了股东会，同意何忧将货币出资额 287 万元转让给何立荣，同意成锡璐将货币出资额 5 万元转让给周继明，同意苗承刚将货币出资额 5 万元转让给苗雨，并修改公司章程。

就上述情况，各方签署了相关的股权转让协议，并做了说明，何忧将其股权转让给何立荣，是为了解除双方的代持关系；成锡璐将其股权转让给周继明，其转让价格为每股 1 元；苗承刚将其持有的公司股权无偿赠送给苗雨，而苗雨为苗承刚的女儿。

同时，何立荣与何忧就双方这种代持关系还出具了《股权代持情况说明》，书面确认：出资款由何立荣实际支付，何忧仅为在工商登记注册的名义股东，在何立荣的授权下行使各项股东权利。如此一来，何立荣与何忧之间的这种股权代持关系已于 2012 年 5 月解除，完成了工商变更登记，双方不存在股权纠纷。

从这一行为可以看出，何立荣与何忧之间这种代持关系的形成、变动以及最终的解除，均是双方真实意思的表示，并且不存在欺诈、胁迫及损害国家、社会公共利益或者第三人利益等情形，也不存在任何非法目的，因此，双方的这种代持行为应当是合法有效的。

如此一来，公司股权得以明晰，并在 2013 年 5 月 16 日，北京必可测科技股份有限公司实现新三板挂牌，证券简称为：必可测，证券代码为 430215。

卖家点评：

（1）企业在申请挂牌新三板前，一定要通过转让等方式，让公司的股权得以明晰。

（2）企业在明晰股权的过程中，即便是亲属关系，各种手续也要合法，以免引发纠纷。

二、股权合法

股权合法，是指企业的股份在转让等交易过程中，必须是合法的、没有争议或纠纷的。因此，企业在挂牌之前，所有关于股权的内部交易，都必须是遵照规定、经过公司股东会议同意并形成文字的，比如股权转让，或是挂牌前的股权激励增发等。

延伸阅读：什么是隐性股东？

隐性股东，是指投资人实际出资获取了公司的股份，可其名字并没有登记在工商登记的股东名册中。

隐性股东在现实中，是否依法享有与正式股东一样的权利和义务，重要的是要看，其与显性股东的一方，也就是其股权代表人，是否有《股权代持协议》的书面协议，或合法证人的口头协议。如果有这样的协议，隐性股东就受法律保护——依法拥有与显性股东一样的权利和义务。

隐性股东的出现，大多是公司转制为股份有限公司之前，因为受到注册有限责任公司股东上限 50 人的限制才出现的。

案例精选

领信股份自设立到挂牌披露期间，共进行了三次股权转让，在这三次股份转让过程中，公司的股价均为每股 1 元，这一定价是由双方协商确定的，并按照转让方出资时的股权价格为准。

自从股份公司设立后，公司进行过一次增资，增资前经过股东大会审议通过，并经山东舜天信诚会计师事务所审验后出具《验资报告》，注册资本由 500 万元增加至 1000 万元，并依法办理了工商变更登记。

根据公司出具的股权转让书的声明显示，孙建东、赵延军、单玉贵三人的股权转出原因是将从公司离职，李胜玉股权转出的原因是个人购置房屋等急需资金。历次股权转让均为转让双方真实意愿的体现，不存在代持的情况，也不存在潜在争议或利益安排。

在 2011 年 12 月 20 日，领信科技的董事赵延军将其持有的公司 100 万股股份全部转让给毕文绚，公司监事单玉贵将其持有的 50 万股全部转让给毕文绚，监事孙建东将其持有的公司 75 万股全部转让给李鹏。同一天，领信科技股东大会审议同意进行上述股权转让，根据公司当时的登记资料，赵延军为公司董事，单玉贵、孙建东为公司监事。

这一行为，看起来合法，但根据当时《公司法》的规定，股权转让的相关当事人的行为并不符合规定。然而，股权转让已过去数年，不可能进行简单的逆转。要想厘清事实，应当让股权转让的当事人双方就当时的股权转让行为予以解释，并做出不存在股权转让纠纷的承诺，再根据时限来做具体风险分析与评估。

为此，孙建东、赵延军、单玉贵分别在 2014 年 6 月出具了相关声明与承诺："一、本人转让上述股权的原因为本人将离开公司，不再担任公司相关职务；二、本人转出的领信科技的股权系本人以自有资金取得，不存在代持、信托或其他股权受限情形，不存在任何潜在纠纷；三、本人的股权转让行为系本人的真实意思表示，不存在以欺诈、胁迫等导致股权转让行为无效的情形；四、本人已收到股权受让方支付的全部股权转让款，与股权受让方、领信科技之间不存在任何债权、债务或其他潜在纠纷。"

从时间上来看，2012 年 2 月 28 日，赵延军就不再担任股份公司董事，单玉贵、孙建东也不再担任股份公司监事，到 2012 年 8 月 28 日时，已满足法律规定的离职 6 个月后可以转让的条件，也就是说，法律上导致上述股权转让无效的情形已经消除，上述股权转让双方并未要求对方返还股权或转让款，上述超比例转让部分股份可以认定为无效情形消除后发生的转让。

同时，在股权转让方做出承诺时，股权受让方李鹏、毕文绚也出具了《股东书面声明》，确认了其所持股份不存在任何形式的转让受限情况，也不存在股权纠纷或其他潜在纠纷，所持股份不存在与其他人之间的股权纠纷、委托持股、信托持股等应当披露而未披露的情形。所以，领信股份的股权转让是合法的，并未因公开信息的披露而影响到公司的新三板挂牌。

卖家点评：

（1）只有合法的股权，并且在出让或转让方自愿的基础上，才能进行转让。

（2）企业股东在转让股权时，所转让的股权必须符合《公司法》相关规定，而不是只要双方当事人无异议即可。

三、仁会生物：营收为零的股权激励

经典案例

上海仁会生物制药股份有限公司在被获准于 2014 年 8 月 11 日挂牌后，公司

却突然发布实施了一份股权激励计划，据这份计划显示，公司将拟向激励对象授予股票期权 317 万份，涉及的标的股票种类为人民币普通股，约占本专项意见出具时公司股本总额 9126.6 万股的 3.4734%。其中首次授予 76 万股，占本专项意见出具时公司股本总额的 0.8327%；预留 241 万股，占本专项意见出具时公司股本总额的 2.6406%。

表 7-1　上海仁会生物制药股份有限公司股权激励计划

序号	姓名	职务	拟获授的 股票数量（万股）	占公司股份 总额的比例（%）
1	左亚军	董事、总经理	33.616	0.3683
2	张玫萍	副总经理	10	0.1096
3	夏晶	研发经理、监事	7.800	0.0855
4	蔡永青	质量经理	6	0.0657
5	朱志勇	安环经理	6.800	0.0745
6	严珽	行政人事经理	6.800	0.0745
7	熊春林	纯化主管	4.984	0.0546

经主办券商核查，主办券商认为，仁会生物本次股权激励中，任何一名激励对象拟获授的股份的比例，均未超过截至本专项意见出具日仁会生物股份总额的 1%。仁会生物的《激励计划草案》符合法律、法规及规范性文件规定。因此，仁会生物在挂牌前实施的股权激励是合法的。

而据所悉，上海仁会生物制药股份有限公司是一家生物研究的药企，其产品谊生泰项目自立项后，一直处于研发状态，尚在国家药品审评中心审评过程中。而在公司的多次信息披露中，营业收入为零，但据公司《公开转让说明书》中称，谊生泰为中国首个进入生产注册阶段的 GLP-1（胰高血糖素样肽-1），且为全球首个全人员结构的 GLP1 类药物。可见，公司挂牌前的股权激励，不过是公司合法留住人才的一种方式，且并未因此对公司的控股股东造成影响，因此并未影响到企业在新三板的挂牌。

延伸阅读：什么是股权激励？

股权激励是企业对员工进行长期激励的一种方法，是企业为了激励和留住公司的核心人才而推行的一种长期激励机制，是指企业有条件地给予激励对象部分股东权益，使其与企业结成利益共同体，从而实现企业的长期发展目标。

卖家点评：

（1）企业在挂牌前，若实行股权激励，激励对象中，任何一名激励对象拟获授的股份的比例均不得超过公司总股本的1%，并且，股权激励的股份总数总得超过公司总股本的10%。

（2）企业在挂牌前，若实行股权激励，必须本着公平、公正的原则，并做到信息透明、过程合规。

第四节　小微企业新三板挂牌时的治理与经营问题

一、关联交易及资金占用、拆借问题

在正常的公司行为中，资金占用和拆借问题经常出现，尤其是发生交易的双方具有关联关系时，彼此之间的交易因为有关联而容易出现事项不明，因此，彼此在进行交易时，应当按照规定出具书面协议，以免因拆借方由于某些原因而到期未还情况发生时，双方发生财务纠纷，进而影响到企业的经营发展。

延伸阅读：什么是关联交易？

关联交易，就是企业关联方之间所进行的交易，关联交易是公司运作中经常出现的情况，也是最容易发生不公平结果的交易。从有利的方面说，交易双方因存在关联关系，可以节约大量商业谈判等方面的交易成本，并可运用行政的力量来保证商业合同的优先执行，从而提高交易效率。从不利的方面说，由于关联交易方可以运用行政力量撮合交易，所以有可能使交易的价格、方式等，在非竞争的条件下出现不公正的情况，从而形成对股东或部分股东权益的侵犯，也易导致债权人的利益受到损害。

案例精选

北京佳星慧盟科技股份有限公司在 2011 年 8 月 8 日整体改制时，因资金周转紧张，向北京佳星慧盟科技公司及其全资子公司拆借资金，但北京朝瑞博科技有限公司的负责人刘波任北京佳星慧盟科技的副总经理，北京朝瑞博科技有限公司与北京佳星慧盟科技股份有限公司构成了关联方，而借款双方又未约定借款利息。

早在 2011 年时，北京朝瑞博科技有限公司即向北京佳星慧盟科技股份有限公司共借款 175 万元，至 2012 年 12 月 31 日，上述款项均已还清。

当时的北京佳星慧盟科技公司尚为有限公司，公司规模较小，治理不够健全，没有针对关联交易进行具体的制度规定，因此，公司所借出的拆借款项均是无息借出，所以，这些拆借行为并没有影响到公司利润的总额。

在这一背景下，主办券商进场后，对公司进行了辅导，并且就此次公司借出款项自公司公开转让说明书出具之日，已经全部还清。

2011 年 10 月 26 日，北京佳星慧盟科技公司召开了第三次临时股东大会，审议通过了《北京佳星慧盟科技股份有限公司关联交易管理制度》，对关联关系、关联交易的认定进行了明确，并规定了关联交易的相关决策程序。其后，公司又制定了《北京佳星慧盟科技股份有限公司防范控股股东及关联方资金占用管理办法》，自然人股东、董事、高级管理人员均向公司出具了《规范关联交易承诺函》。

从此，公司开始规范化运营，终于在 2013 年 7 月 23 日，成功挂牌新三板，证券简称为：佳星慧盟，证券代码为 430246。

卖家点评：

（1）企业在挂牌前改制时，不仅是公司体制的变更，也是公司从不健全的制度向制度健全的过渡，因此关于关联交易或资金拆借等问题，都应出具合法手续，而不应因双方为关联方之间的交易而松懈，以免引起纠纷。

（2）资金拆借，对于企业而言，即使是关联方交易，也应当在合法的前提下履行相关手续。

二、行政处罚问题

根据《公司法》第五条规定：公司从事经营活动，必须遵守法律、行政法规，遵守社会公德、商业道德，诚实守信，接受政府和社会公众的监督，承担社会责任。

延伸阅读：企业申请挂牌期间不得出现的"红线"行为？

（1）行政处罚。是指经济管理部门对涉及公司经营活动的违法违规行为给予的行政处罚。

（2）重大违法违规。凡被行政处罚的实施机关给予没收违法所得、没收非法财物的行政处罚的行为，均属于重大违法违规情形，处罚机关依法认定不属于的除外；被行政处罚的实施机关给予罚款的行为，除主办券商和律师能依法合理说明，或是处罚机关认定该行为不属于重大违法违规行为的除外，都被视为重大违法违规情形。

（3）公司最近 24 个月内，不存在涉嫌犯罪被司法机关立案侦查，尚未有明确结论意见的情形。

（4）企业申请挂牌前的 36 个月内，不能有违法发行股份的情况。

案例精选

倚天科技股份有限公司在申请挂牌时，在主办券商向全国中小企业股份转让系统提交了推荐挂牌的文件后，很快收到了反馈意见：2012 年 11 月 25 日，公司因在未办理营业执照的情况下，擅自从事云母带生产活动，收到霸州市工商行政管理局行政告诫书，公司于 2013 年 2 月取得设立霸州分公司的《营业执照》。请律师对上述事项核查并对公司的生产经营是否合法合规发表明确意见。

在收到反馈意见后，律师就倚天科技股份有限公司出现的这一问题予以调查回复：由于有限公司设立初期内部治理不规范，管理人员对相关规章制度不了解，认为霸州工厂只是生产基地没有销售经营活动，因此在未办理分公司工商登记的情况下进行了生产活动。2013 年 3 月 15 日，霸州分公司取得霸州市工商行政管理局出具的《证明》，除 2012 年 11 月 25 日收到行政告诫书外，无其他因违反工商行政管理法律法规受到处罚记录。同时，律师认为，行政告诫书系行政管理机关对违反行政管理法律、法规、规章的轻微违法行为或不宜直接做出行政处罚的违法行为，督促当事人改正而做出的行政训诫或建议，公司收到行政训诫不属于重大违法违规，并且公司在规定期限内已完成工商备案手续。截至本补充法律意见书出具之日起，不存在重大违法违规，对公司本次挂牌不构成障碍。

经过律师答复后，考虑到这一事件并非属于重大违法违规行为，因此，全国中小企业股份转让系统公司最终核准了倚天科技股份有限公司的挂牌申请，实现了成功挂牌，证券简称为：倚天股份，证券代码为 430301。

卖家点评：

（1）企业如果准备挂牌，就必须一直从事正常经营，而不应当以身试法去触碰国家的各种法规，否则很难挂牌。

（2）即使企业在经营过程中无意出现了对法规的触碰，也应在申请文件中具体说明原因，而不应隐瞒。

三、竞业禁止及技术保密协议问题

竞业禁止与技术保密协议是企业保护其商业秘密的主要手段之一，我国法规政策允许企业与职工签订竞业禁止条款、协议。《劳动法》第二十二条规定："劳动合同当事人可以在劳动合同中约定保守用人单位商业秘密的有关事项。"

竞业禁止一般分为两种情形：一是法定竞业禁止，即法律规定的竞业禁止；二是约定的竞业禁止。

延伸阅读：什么是竞业限制？

竞业限制，是用人单位对负有保守用人单位商业秘密的劳动者，在劳动合同、知识产权权利归属协议或技术保密协议中约定的竞业限制条款，也就是：劳动者在终止或解除劳动合同后的一定期限内不得在生产同类产品、经营同类业务或有其他竞争关系的用人单位任职，也不得自己生产与原单位有竞争关系的同类产品或经营同类业务。限制时间由当事人事先约定，不得超过两年。竞业限制条款在劳动合同中为延迟生效条款，也就是劳动合同的其他条款法律约束力终结后，该条款开始生效。

案例精选

在深圳市卓能新能源股份有限公司拟申请挂牌时，平安证券有限责任公司作为主办券商介入后，即对公司展开了调查与督导。

经平安证券调查后发现，深圳市卓能新能源股份有限公司是一家从事锂离子电池的研发、生产和销售的高新技术企业，经过多年的研发，公司已经掌握了主要生产工艺的核心技术，并培养了一批技术人才。但平安证券认为，尽管公司一直以来十分重视新产品的研发，并一直注重技术人才培养，但近年来，随着新能源产业日益受到国家的重视，行业竞争日趋激烈，更加凸显技术人才和核心技术对企业发展的重要性。虽然当前，公司已经制定出了较为严格的技术保密制度，以及相应的管理措施，以防止技术人才的流失和核心技术的外泄。公司在生产经营过程中，并没有出现违反竞业限制及保密协议的情况，但是依然存在着人才流失的潜在风险。

在这一潜在风险下，由于"绿色能源"市场的需求旺盛，市场发展前景向好，锂电池行业吸引了大量企业进入，行业间的竞争将会随之加剧。因此，为防止专业技术人才流失，公司应当切实做好竞业禁止及技术保密工作，以应对行业风险。

在尽职调查并督导后，因公司条件满足，并不具有竞业限制的发生，公司及技术保密工作做得很好，因此公司在 2015 年 11 月 18 日成功在新三板挂牌，证券简称为：卓能新能，证券代码为 834314。

卖家点评：

（1）如果企业是技术性较强的高科技公司，应当更为关注公司的技术保密工作，以及竞业问题，因为这是公司未来得以长久发展的根本。

（2）企业在拟挂牌时期，应当就竞业保密问题，对主办券商详细介绍，因这一工作是主办券商督导核查的主要工作，也是全国中小企业股份转让系统公司所着意看重的一点。

四、劳动用工问题

根据《劳动合同法》，企业都应为职工缴纳社会保险和住房公积金等，拟挂牌企业由于自身经营的特殊性或其他客观原因，并未为所有员工缴纳的，对该部分员工的具体情况应由企业及中介机构作出相应说明。

延伸阅读：企业挂牌前如何解决社会保险缴纳问题？

（1）了解和掌握企业员工的总体情况，实事求是地进行披露。

（2）要求企业登记注册地的人力资源和社会保障机构出具相关证明，证明公司已经在依法缴纳社会保险，并办理了社保编号，在劳动保障方面无违规行为，未受到行政处罚。同时证明：公司没有违反国家及地方有关公积金管理的行为和记录，没有因公积金缴存事宜而被追缴或被行政部门处罚的记录。

（3）企业实际控制人和股东出具相关承诺，承诺若发生关于社会保险缴纳方面的纠纷等问题，由实际控制人、股东和公司一起，承担连带责任，保证及时解决这种纠纷。

（4）针对员工因自身原因，不愿或者无法在本企业缴纳保险的情况，可以要求这些员工出具情况说明，说明不了原因，且承诺属于自愿行为，并不要求企业承担任何责任。

（5）因员工客观原因无法在当地缴纳社会保险，但在外地正常缴纳的，企业可按照社会保险和公积金缴纳的规定，在支付该员工工资的同时，将相应的社会保险和住房公积金等支付给员工，并要求员工出具相关证明。

（6）企业临时用工和季节性用工的，由当地人力资源和社会保障局出具《情况说明》，控股股东、实际控制人出具书面承诺，并采用先签合同再录用上岗的方式。

案例精选

2014 年 4 月，银花股份刚刚获准登陆新三板，证券代码：430739，但要到 4 月 30 日才挂牌。

由于银花股份的主营业务为棉花加工，要进行棉花收购，加工棉短绒、棉籽、纺织品进行销售。而棉花的种植具有明显的季节性特点，从而导致公司的经营模式也具有了季节性，此期间刚好处于公司的集中作业时期，只是在通常情况下，此时公司会雇用周边农户作为临时工，来完成棉籽的清理杂质、轧花去籽等流水线工序。

另一个事实是，农户本身属于农闲时的打零工，不愿受合同约束，因此公司未曾与这些临时工签订书面劳动合同。时间点上，此时银花股份正处于挂牌新三板的关键时期，为了解决这一问题，公司采取了如下处理：

（1）由当地人力资源和社会保障局出具《情况说明》，详细说明了劳动用工双方的情况，并确认企业能够按时足额支付工资报酬。

（2）企业的控股股东、实际控制人已出具书面承诺，并说明银花股份因 2012 年、2013 年部分用工未能签订书面劳动合同，被有关政府部门罚款或者有关当事人要求赔偿，公司的控股股东、实际控制人以连带责任方式，用现金全额补偿了因此遭受的经济损失。

（3）按照《城乡养老保险制度衔接暂行办法》2014 年 7 月 1 日施行的规定，为维护劳动者的合法权益，企业承诺在 2014 年季节用工时，按照人力资源和社会保障部推荐的简易劳动合同文本，与该类人员签订劳动合同，并采用先签合同再录用上岗的方式解决。

银花股份的这一做法，虽然仍有不足的地方，但毕竟解决的方式也是在平等、合理的条件下进行的，因此并未影响到公司挂牌新三板。

卖家点评：

（1）企业应当根据自身用工的特点，制定出合理合法的用工制度，但不明白的或是特殊的情况出现时，应当及时上报有关部门，合理解决，尤其是在企业挂牌阶段的敏感期内。

（2）正常情况下，企业在用工上，一定要遵照《劳动合同法》具体执行，这样才能做到规范，才更易受到资本市场的青睐。

五、环保问题

全国中小企业股份转让系统《挂牌审查一般问题内核参考要点》1.7.2 环保要求：主办券商及律师：

（1）核查公司所处行业是否为重污染行业，以及认定的依据或参考。

（2）若公司不属于前述重污染行业，请核查：①公司建设项目的环保合规性，包括且不限于公司建设项目的环评批复、环评验收及"三同时"验收等批复文件的取得情况；②公司是否需要办理排污许可证以及取得情况；③结合公司的业务流程核查公司日常环保合规情况，是否存在环保违法和受处罚的情况。

（3）请主办券商及律师综合以上事项对公司的环保事项的合法合规性发表明确意见。请公司就相应未披露事项作补充披露。

由此可见，拟挂牌企业的环保问题，可以是关乎企业能否挂牌的核心问题。

延伸阅读：如何解决新三板挂牌中的环保问题？

（1）对没有进行环评验收的项目，企业应当进行弥补，申请环评，获得《项目竣工环境保护验收的批复》，不能心存侥幸，"带病"申报。

（2）企业需持有环境保护局出具的无重大违法违规的《证明》，证明企业在建设项目未及时取得竣工环境保护验收而遭受行政处罚的风险较小。

（3）控股股东、实际控制人出具《承诺函》，因建设项目环境保护设施未与主体工程同时设计、施工、投产使用而导致公司遭受任何行政处罚的，其所有的经济损失均由控股股东、实际控制人承担。

案例精选

龙能自动化在申请挂牌期间，一直没能按照法规的要求办理环评，但其当时所实施的项目内容、项目性质、规模、项目采用的生产工艺，或者防治污染、防止生态破坏的措施与连亮自动化环评批复中的内容基本相似，并未出现对周边环境污染情况。因此，龙能自动化出具了《关于及时办理环评手续的承诺》，承诺公司会尽快办理环评手续。

为此，公司实际控制人还出具了《关于公司环评事项的说明》，承诺督促龙能自动化、连亮自动化及时办理完毕环评手续。如果连能环保科技及其下属公司因上述事项而遭受任何罚款、违约赔偿金及其他经济损失时，由实际控制人负责赔偿连能环保科技及其下属公司的全部经济损失。

对于公司所出具的《关于公司环评事项的说明》，律师认为，子公司龙能自动化尚未办理环评手续，其子公司连亮自动化已经取得环评批复，但没有办理完毕环评竣工验收手续，存在瑕疵。然而，最近两年里，股份公司及其子公司连能机电科技、子公司龙能自动化及其控股子公司连亮自动化没有受到有关环保方面的行政处罚。

　　同时，连亮自动化已经在积极办理环评手续中，预计在 2013 年内完成验收。龙能自动化还出具了《关于及时办理环评手续的承诺》，承诺尽快办理环评手续。公司的实际控制人也出具了《关于公司上海市捷华环评事项的说明》，承诺督促龙能自动化、连亮自动化及时办理完毕环评手续，并且出具了书面承诺，若连能环保科技其及下属公司因上述事项而遭受任何罚款、违约赔偿金及其他经济损失时，由本人负责赔偿连能环保科技其及下属公司的全部经济损失。

　　因此，律师认为，环保问题不会对公司本次挂牌构成实质性障碍。事实也证明，连能环保并未因环保问题失败，成功挂牌新三板，证券简称为：连能环保，证券代码为 430278。

卖家点评：

　　（1）企业在申请挂牌新三板时，一定要做好公司的环保，并按要求达到相应的标准，环保工作确实正在进行的，应当出具相关书面说明，并做出承诺。

　　（2）环保问题一直是重要的事项，尤其是那些对环境有污染的企业，即使挂牌前勉强过了关，但如果不引起重视，会直接关系到企业未来的长足发展。

六、税务问题

　　由于企业新三板挂牌时准入条件相对比较低，企业又多为中小公司，税务管理岗位及制度建设长期缺失，在"股改"等环节，经常因税务诱发的历史问题，成为许多企业挂牌过程中的"拦路虎"。因此，企业在拟挂牌时，应当注意公司有关税务的问题。

延伸阅读：企业挂牌时必须知道哪些税务问题？

（1）在股改过程中，个人股东将累积的盈余公积、未分配利润转增股本，未按照规定缴纳个人所得税。

（2）关于有限合伙制创业投资企业法人合伙人企业所得税政策。

（3）个人股东盈余公积、未分配利润转增股本未缴纳个人所得税。

（4）企业在整体改制中，涉及大量资产的转让行为，没有按照税法规定缴纳相应的契税、营业税、土地增值税等。

（5）关于技术转让所得企业所得税政策。

案例精选

2013 年 7 月 23 日，北京奥特美克科技股份有限公司在全国股权系统挂牌。根据公司审计报告、补充法律意见书与公开转让说明书显示，在 2006 年 4 月，有限公司股东路小梅和吴玉晓，以非专利技术"水资源远程实时监控网络管理系统技术"出资 640 万元，各占 50%。

因这项非专利技术与公司的生产经营相关，也就是路小梅和吴玉晓利用工作之便，利用了公司的场地和办公设备，甚至是公司的相关技术成果，从而拥有了"水资源远程实时监控网络管理系统技术"，因此，公司决定以现金的方式对 640 万元的出资予以补正。

2012 年 8 月 29 日，有限公司召开股东会，决议并通过了由股东吴玉晓和路小梅分别以现金 320 万元对公司 2006 年 4 月的二人以非专利技术出资 640 万元的内容进行补正，并计入资本公积金。

2012 年 8 月 31 日，兴华会计师事务所出具了〔2012〕京会兴核字第01012239 号审核报告，对这一补正出资的资金进行了审验，确认截至 2012 年 8 月 31 日，公司已收到股东吴玉晓和路小梅的补足出资，并已进行了合理的会计处理。

如此一来，股东吴玉晓和路小梅补足出资后，公司的注册资本与实收资本未改变，但经评估确认，二人所占公司股权51%，以价值640万元资本的非专利出资，其中有316.40万元是属于其他股东的。

最后决定，吴玉晓和路小梅以非专利技术减资，然后增资640万元，再将该专利技术无偿转让给挂牌公司。这样，在厘清股权的同时，相应的税务问题也迎刃而解，公司得以顺利改制，并实现了新三板挂牌，证券简称为：奥特美克，证券代码为430245。

卖家点评：

（1）企业在挂牌新三板期间，一定要按照要求，在厘清股权的基础上，厘清公司的各种税务问题，否则很难实现挂牌。

（2）对于企业之前的不明税务问题，企业应当本着实事求是的态度，应当补交的予以补交，而不能一抹了之。

七、蓝科环保：保护环境的同时，先保护自身

经典案例

蓝科环保是一家致力于为石化、煤化工行业提供绿色工艺、环境治理服务的企业。在准备挂牌时，聘请了申万宏源为主办券商，财务审计为中兴财光华会计师事务所，法律顾问为北京大成（上海）律师事务所。

在券商与各中介机构的督导下，对企业自身进行了一番挂牌前的"环保"，公司在主营业务明晰的情况下，在2013年、2014年和2015年1~6月，业绩出现了小幅的增长，持续经营能力较强。在改制过程中，股权进一步明晰，股份发

行与转让均合一。并且，公司在行政上无重大处罚，公司体制上设立了环保部门，税务上，每一笔支出与付出均有发票及账本可查，做到了税务、财务清晰。

同时，主办券商与中介机构也对公司可能面临的风险做了评估，比如报告期内客户较为集中的风险，实际控股人长期持有公司 70% 可能会对公司经营造成的管理风险。然而，公司经过改制后，公司结构、经营等方面均已符合挂牌标准，因此，在 2015 年 11 月 13 日，上海蓝科石化环保科技股份有限公司正式在新三板挂牌，证券简称为：蓝科环保，证券代码为 835874。

延伸阅读：什么叫股改？

股改的全称是股权分置改革，而股权分置也称为股权分裂，是指上市公司的一部分股份上市流通，称为流通股，主要成分为社会公众股；另一部分股份暂时不上市流通，大多为国有股和法人股。

新三板挂牌前企业改制，属于非上市公司股改，是指不少企业家将自己公司的股权激励、股份制公司设立，通俗地——也将其称为"股改"。这些公司的股改，是为了更规范化公司的各项机制，并且已经成为企业留住核心员工、吸引优秀人才的大趋势。

卖家点评：

（1）主办券商及中介机构介入拟挂牌公司后，企业应当按照这些机构的要求与方案，进行股份制改造，使企业在制度上更为规范，股权更加明晰，不仅能够达到挂牌要求，而且可以通过公司改造，实现规范化发展。

（2）企业在进行挂牌改造时，不要因为公司存在这样或那样的瑕疵而忽略，甚至抹掉，应据实解决，无法完成的应当及时说明。

第五节　新三板挂牌时的无形出资问题

一、知识产权出资

知识产权属于无形资产，知识产权出资是指知识产权的所有人将能够依法转让的知识产权专有权或者使用权作价，投入标的公司以获得股东资格的一种出资方式。

在挂牌企业的体制改革中，当出资人以知识产权出资时，应当注意两个方面：

（1）出资人所拥有的知识产权是否属于职务发明。

（2）出资人用于出资的知识产权，是否与公司的业务相关。

在界定出资人所拥有的知识产权时，首先要看这种知识产权是否属于职务发明，如果属于，公司应当给予权利人一定奖励，或是在权利人出资时进行减资或现金互换。

延伸阅读：什么是知识产权？

知识产权，是指权利人对其所创作的智力劳动成果所享有的专有权利，通常，知识产权只在一定的时间期内有效。各种智力创造，比如发明、文学和艺术作品，以及在商业中使用的标志、名称、图像和外观设计，都可以被认为是某一个人或组织所拥有的知识产权。知识产权的主要分类有专利权、著作权、商标权等。

案例精选

艾融软件在 2014 年 5 月 30 日披露的《公开转让说明书》中显示，在 2013 年公司的增资过程中，股东张岩就是以无形资产的方式出资的。

然而，律师发现，在 2009 年 3 月至 2013 年 11 月期间，张岩即为原有限公司的总经理，因此，其拥有的无形资产，可能是工作期间利用公司提供的物质所形成的软件著作权，为防止全国中小企业股份转让系统公司产生出资不实的怀疑，公司即对其采取了减资的方式。

2013 年 4 月 27 日，艾融软件召开了公司股东会决议，公司的注册资本由 500 万元增至 1500 万元，同意其余的 1000 万元由张岩以"i2 网上商城系统 V3.0"的无形资产出资。后经北京中恒正源评估有限公司评估，给予了"i2 网上商城系统 V3.0"无形资产 1000.08 元的价格。

2013 年 5 月 2 日，上海东勤会计事务所验资后，公司注册了新的营业执照。

2013 年 9 月 24 日，公司再次召开股东会议决议，公司的注册资本由 1500 万元减至 500 万元，减资部分为张岩的知识产权出资。减资后，股东张岩放弃了"i2 网上商城系统 V3.0"知识产权的归属，这一知识产权仍归公司所有。

如此一来，公司出资得以明朗化，于是成功登陆了新三板，证券简称为：艾融软件，证券代码为 830799。

卖家点评：

（1）很多高科技公司都是因知识产权成立的，因此，公司在挂牌期间的股份改造中，一定要明晰知识产权的权属，这样才能做到产权清晰。

（2）对于知识产权界定为职务发明的，公司也可以采取现金转换的方式来置换无形资产的权属，但一定要召开股东大会决计，并由评估机构评估后，再经律师事务所确认，方拥有法律意义。

二、软件著作权出资

软件著作权是计算机软件的开发者或者其他权利人，依据有关著作权法律的规定，对于自己开发的软件作品所享有的各项专有权利。以自己拥有的软件著作权出资的，即为软件著作权出资。但就权利的性质而言，软件著作权出资属于一种民事权利，具备民事权利的共同特征。因为著作权的取得无须经过个别确认，所以通常遵循自动保护原则。只要软件经过登记后，软件著作权人即享有发表权、开发者身份权、使用权、使用许可权和获得报酬权。

当股东以软件著作权出资时，首要的是确认软件的权属问题，即股东必须拥有该软件的著作权。

延伸阅读：什么是无形资产？

无形资产，是指企业拥有或者控制的没有实物形态的可辨认非货币性资产。广义的无形资产包括货币资金、应收账款、金融资产、长期股权投资、专利权以及商标权等，这些资产往往没有物质实体，而是表现为某种法定的权利或技术。然而，会计上通常把无形资产作狭义的理解，如专利权、商标权等。

案例精选

山水园林在公司进行股份制改造时，公司的股东以软件著作权的方式出资，当时，该软件著作权由股东进行了评估，又经股东陈述，其用来出资的软件著作权，在拥有时所有的开发费用都是由自己承担的，并没有利用公司的职务之便，以及公司的设备、未公开的专门信息等，属于个人独立完成的软件著作权，在出资时，又请了相关的评估机构进行了评估作价。

从山水园林的股东以软件著作权的方式出资的具体情况来看，其所拥有的软件著作权是完全独立的，并不存在争议，因此是可以以软件著作权的方式出资的。然而，公司的此次股份制改造目的是登陆新三板，最终为了避免产生歧义，阻碍公司新三板挂牌，公司这名股东最后主动采取了资金置换无形资产的方式出资，使得公司顺利登陆新三板，证券简称为：山水园林，证券代码为831562。

卖家点评：

（1）股东在以无形资产出资时，为了不引发歧义，如果可行的话，可以用货币资金对无形资产进行置换出资。如果其所拥有的软件著作权对公司业务帮助较大，可在其作价后卖给公司，或是出让其使用权。

（2）如果软件著作权的权属拥有存在争议，又不好界定，或是评估时其价值出现争议，同样可以采用货币资金置换的方式出资。

三、新三板挂牌时的无形出资问题

经典案例

北京奥特美克科技发展有限公司，是一家致力于水利信息化管理系统开发与建设为主的股份制高新技术企业，成立于2000年，注册资本与实收资本均为400万元。

其中，知识产权出资部分已经由北京方诚会计师事务所评估，并出具了《关于北京市北方电通电气技术有限公司"SAS500系列综合终端单元"、"住宅小区智能化系统远程抄收部分"两项非专利技术资产评估报告》。同时，这一评估报告经过了北京数码会计师事务所出具了验资报告。这也就意味着，公司知识产权出资有了法律依据，是真实可信的。

然而，在新三板审批时却遇到了争议，因为根据 1999 年修订的《公司法》规定，"以工业产权、非专利技术作价出资的金额，不得超过有限责任公司注册资本的 20%，国家对采用高新技术成果有特别规定的除外"。显然，北京奥特美克科技发展有限公司当时注册的非专利技术资产出资的比例要高于 20%。但是，公司属于中关村科技园内的企业，而据《中关村科技园区高新技术企业注册登记改制改组工作的试点意见》第 6 条规定，"鼓励投资者对园区内高新技术企业投资，以工业产权、非专利技术作价出资的，其作价出资的总份额占注册资本（金）的比例最高可达 60%"，因此，北京奥特美克科技发展有限公司符合中关村科技园对高新企业的特别规定，属于"国家对采用高新技术成果有特别规定的"，所以，公司得以顺利成立，并于其后成功挂牌新三板，证券简称为：奥特美克，证券代码为 430245。

延伸阅读：无形资产出资的比例是多少？

以高新技术成果出资的，最高只能达到 35%，其余为货币或实物出资。新《中华人民共和国公司法》规定，全体股东的货币出资金额不得低于有限责任公司注册资本的 30%，也就是说，无形资产出资的比例扩大到了注册资本的 70%。

卖家点评：

（1）企业在挂牌改制时，如果之前的有限公司成立时，无形资产出资有瑕疵，应当适用当时的规定予以解决，或是在股份公司成立时按照新规定重新评估作价，完成改造。

（2）企业在股份制改造过程中，若股东以无形资产出资，则应以当时的市场价格评估知识产权的价格，不应过高或过低，因此要找权威的有资质的评估机构进行评估。

第八章　新三板市场的炒作与融资

第一节　参与新三板的投资者

一、企业投资者

在企业投资者中，也并不是所有的企业都可以无条件准入，必须要满足：

（1）注册资本在 500 万元以上的法人机构。

（2）实缴出资总额达 500 万元以上的合伙企业。

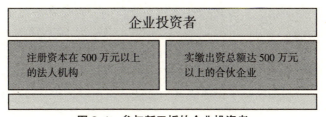

图 8-1　参与新三板的企业投资者

延伸阅读：个人投资者投资新三板的条件是什么？

（1）前一交易日，本人名下证券类资产市值大于 300 万元。

（2）两年以上证券投资经验，或具有会计、金融、投资、财经等相关专业背景或培训经历。

案例精选

卓华信息（830030）2014年8月21日在新三板挂牌后，公司在2015年8月实施了一次定向增发，在增发名单中，有一定投资企业河南九鼎德胜投资顾问有限公司，资料显示，这家企业此次一共获配了40万股卓华信息的股票，以每股28.6元的价格成交。

河南九鼎德胜投资顾问有限公司即上市公司九鼎投资（600053）的一家子公司，公司主要从事投资业务，即为企业投资者，其参与的新三板挂牌公司不少，而此次投资卓华信息的定向增发，即为公司的一次投资行为，而公司是一家拥有资质的投资企业。

卖家点评：

（1）在新三板企业投资者中，很多都为投资公司，其投资的最终目的就是股权投资获取利益，而纯粹做生产的企业较少，即使有，投资新三板也多是其旗下的投资公司。

（2）企业投资者参与新三板，尤其是那些非投资类公司参与时，一定要多方搜集投资企业的情况，而不要只被企业的原来所想所打动，贸然投资。

二、机构投资者

在新三板投资者中，机构投资者也是一个不容忽视的力量。在准入上，机构投资者如果想要投资新三板，同样需要具备两个条件：

（1）集合信托计划、证券投资基金、银行理财产品、证券公司资产管理计划等。

（2）信用证券账户资产除外，投资者来源分布情况：初始股东 3.98 万户，二级市场投资者 3.36 万户，定向新增股东 6319 户。

机构投资者	
集合信托计划、证券投资基金、银行理财产品、证券公司资产管理计划等	信用证券账户资产除外，投资者来源分布情况：初始股东 3.98 万户，二级市场投资者 3.36 万户，定向新增股东 6319 户

图 8-2　参与新三板的机构投资者

延伸阅读：什么是机构投资者？

机构投资者，是指符合法律法规，可以投资证券投资基金的注册登记或经政府有关部门批准设立的金融机构，包括银行、信托投资公司、保险公司、信用合作社、国家或团体设立的退休基金等组织。它们代表着小投资者的利益，将他们的储蓄集中在一起进行管理，为了特定目标，在可接受的风险范围和规定的时间内，追求投资收益的最大化。

案例精选

北京春秋鸿文化投资股份有限公司是一家以传统广告、娱乐行销和体育行销业务，电视剧、电影的投资制作、发行及衍生业务，明星经纪及相关服务业务为主营业务的文化公司，在 2015 年 1 月 30 日挂牌新三板，证券简称为：春秋鸿，证券代码为 831051。

挂牌新三板后，公司于 2015 年 10 月实施了一次定向增发，此次共有 14 个投资者获准参加，获配价格为每股 25 元，共 300 万股。

其中，有三家机构投资参与了此次定增：宝盈新三板盈丰 5 号特定多客户资产管理计划、中信建投新三板掘金 1 号资产管理计划、华泰柏瑞尊享 1 号新三板资产管理计划。

宝盈新三板盈丰 5 号特定多客户资产管理计划共参与认购了 56 万股，中信建投新三板掘金 1 号资产管理计划与华泰柏瑞尊享 1 号新三板资产管理计划各自认购了 20 万股。

这三家机构投资者，都是证券公司资产管理计划机构，都达到了新三板市场中机构投资者的条件，因此，他们可以通过新三板积极参与挂牌企业的融资。

卖家点评：

（1）相对而言，机构投资者在新三板市场，占据着较为优先的条件，更能够准确地对新三板挂牌企业给予较为合理的认识，尤其是证券公司的管理计划更是尽地利之便，因此，可以说是新三板投资者中的强者。

（2）挂牌企业在融资时，也不要过于相信那些证券投资者，因为毕竟他们更了解行情，在获配价格上容易压低增发价。

三、诚盟装备：投资者云集，聚焦增发热潮

经典案例

江苏诚盟装备股份有限公司主要从事以各类高分子材料（塑料、橡胶、化纤等）和高黏物料为主要对象的现代过程装备的设计与制造，并进行相关技术、工艺的研发，为客户提供成套装置的"交钥匙工程"。在 2015 年 3 月 17 日挂牌新三板后，证券简称为：诚盟装备，证券代码为 831031。

2015 年 7 月，公司实施了一次定向增发，当时，共有 23 家对象成为公司的

获准对象，此次公司共增发 800 万股，价格为每股 12 元。

在诚盟装备的此次增发名单中，可以看出，其中有机构投资者：国寿安保—国保新三板 2 号资产管理计划，获得了 260 万股；红塔资产银桦智汇投新三板 3 号资产管理计划，获得了 100 万股；九泰基金—新三板分级 1 号资产管理计划，获得了 50 万股；光大保德信新三板 1 号资产管理计划，获得了 40 万股；九泰基金—新三板 7 号资产管理计划，获得了 30 万股。

企业投资者有：东吴创新资本管理有限责任公司，获得了 80 万股；义乌联创易富股权投资合伙企业（有限合伙），获得了 20 万股。

个人投资者有：陈寅，获得了 50 万股；张建民，获得了 50 万股。

之所以诚盟装备能够获得个人投资者、机构投资者、企业投资者的多方青睐，在于其挂牌后，股价从最初的不足 10 元很快上涨到了最高 21.10 元，公司定增时，股价刚好离开了底部，但其后一直处于震荡下跌的走势，其中的炒作可见一斑。

延伸阅读：新三板投资中有什么风险？

（1）运营风险。新三板挂牌公司大多集中于高新技术企业，但高新技术企业有着技术更新较快、市场反应灵敏的特点，并且对单一技术和核心技术人员的依赖程度较高，一旦这些挂牌企业的核心技术或核心技术人员出现落后或流失，企业将面临运营的风险。

（2）信息风险。新三板挂牌公司的信息披露标准低于上市公司，投资者基于挂牌公司披露的信息，对挂牌公司的了解有限，极有可能因信息的不能及时了解而面临信息风险。

（3）信用风险。尽管挂牌公司的报价转让过程有主办券商的督导和协会的监管，但仍然无法避免中止交易的风险，从而可能影响到投资者的预期收益。另外，挂牌公司的报价转让并不实行担保交收，或会出现因交易对手的原因而导致无法完成的资金交收。

卖家点评：

（1）如果挂牌企业的股价挂牌后出现暴涨后的暴跌，说明股价并不稳定，投资者应当根据企业的发展综合判断其投资价值。

（2）即使是机构投资者或企业投资者，在参与挂牌企业的融资时，也应当根据其行情及未来发展决定是否有投资价值。

第二节　新三板挂牌企业融资的利弊

一、市场化融资优势

由于企业挂牌后有着融资的功能，因此，在 2015 年初，企业挂牌新三板出现了一股热潮，而根据同花顺 iFinD 统计数据显示，截至 2015 年 12 月 3 日，新三板已经完成增发融资 1168.09 亿元，而同期的创业板股票募集金额合计为 1170.85 亿元（包括 IPO、定增和配股）。新三板的增发融资规模已经与创业板旗鼓相当。这充分说明，企业通过较为宽松的挂牌条件进入新三板后，确实为企业的快速融资发展提供了资金的帮助。

延伸阅读：什么是溢价与折价？

溢价是指投资者所支付的实际金额超过了证券或股票的名目价值或面值，折价则刚好与溢价相反，是投资者所支付的实际金额低于了证券或股票的名目价值或面值，以现有证券或股票的名目价值或面值的几成来支付。新三板企业增发或是股票转让过程中，溢价的出现，某种程度上说明这家企业受到了市场的热捧，折价则说明这家企业受到了市场的某种冷落。

案例精选

浙商创投是在 2015 年 6 月 25 日股份公司改制，11 月 5 日在股转系统挂牌的，其证券代码为 834089。公司在挂牌的同时开始增发，并在挂牌的同时即完成了向陈越孟、华晔宇等投资者发行 5300 万股普通股的融资方案，当时是以每股 4 元增发的，共募集了资金 2.12 亿元。

然而，浙商创投在仅仅挂牌后的半个月，再次提出了新一轮的定增方案。此次，公司决定以定增的方式，募集资金不超过 11.6 亿元，发行价格以每股 11.6 元计，并且，很快得到了公司股东上海盛豫投资合伙企业（有限合伙）表态，拟参与此次认购。

仅仅过了一个月左右的时间，浙商创投的这一轮定增价格就较挂牌前上涨了 190%，这是因为浙商创投在协议板块中相对活跃，股价节节攀升，因此，才有了二次增发时的高溢价。

卖家点评：

（1）在正常情况下，企业挂牌后，公司不断增高的营收，会令股价溢价，相反，企业业绩的下滑会导致股票折价。

（2）企业挂牌新三板后，股价的波动往往有诸多人为的色彩，而公司股票的真正价值在于其对行业的未来占有潜力。

二、新三板并购潮

随着新三板市场的不断扩容，2015 年可谓成了新三板并购的元年，前三个季度发生在新三板的并购事项约为 2014 年全年总量的 10 倍。新三板再不是"选秀池"，而成为了企业借助资本市场做强做大的一扇窗。

出现这种情况，是因为通过新三板并购，企业可以采用"定增"或"定增＋现金"的模式，这样可以用极小的成本实现产业并购，从而拥有同行业的优质资源与技术，更利于挂牌企业发展。

因为在这些挂牌企业的背后，大多有创投机构的参与，成为了挂牌企业并购的有力支柱，但与此同时，这些投资机构的参与，也凸显了一个严重的问题，那就是退出。因为新三板投资者所拥有的企业股权是无法直接通过市场出手的，企业如果无法最终实现转入公开市场上市 IPO，那他们只能通过并购的方式，为自己寻找一个好的买家。

企业内需因素加创投机构的退出，在新三板市场掀起了一场并购热潮。

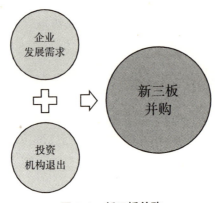

图 8-3　新三板并购

延伸阅读：并购的方式有哪些？

（1）横向并购。横向并购是指涉及在同一种商业活动中经营与竞争的两家企业，企业实行横向并购后，规模将会扩大，有利于巩固市场地位。

（2）纵向并购。纵向并购是指发生生产经营不同阶段的企业之间的合并，比如行业的上、下产业链之间的合并。这种并购，能够增强企业在行业中的地位及产品话语权，节约产品成本。

（3）混合并购。混合并购是指从事不相关业务类型的企业之间的并购。这种并购往往会使企业多元化发展。

案例精选

新三板挂牌企业伯朗特（430394）是以智能装备制造为主的企业，公司挂牌后，曾以 1.2 亿元的对价并购了为其提供核心零部件的"华成"，属于产业链中下游企业并购上游企业的纵向并购，但同时，公司又以 9600 万元的对价并购了集成应用商"精锐达"，而这家企业属于公司的下游产业。经过如此对公司上、下游产业的纵向并购，公司实现了产业链上下游整合，从而降低了产业成本。

另外，新三板企业点点客（430177）是以微信第三方营销为主的，公司曾以 8000 万元的对价，并购了另一同行业的龙头企业"微巴"。这种并购属于同行业间的横向并购，从而形成了公司的行业垄断地位，甚至能够影响到公司产品的定价、销售等多个环节，从而提高了企业的市场价值。

再比如，新三板挂牌企业易事达（430628），上市公司联建光电（300629）决定以每股 4.89 元对其进行收购，并支付现金每股 1.47 元，增发股份每股 3.42 元。在这起定增+现金的并购背后，是当初以 2500 万元持有易事达股份的九鼎投资的借机退出。如果以 4.89 元计，九鼎投资的这一退出回报高达 4737 万元，可谓通过并购，九鼎投资为自己找了个很好的买家。

卖家点评：

（1）企业在新三板挂牌后，应当根据自身发展的需求决定是否要并购，因为企业挂牌的初衷在于借助资本市场的力量发展企业。

（2）机构或是企业投资者的介入，往往会让企业在资本市场上的并购出现身不由己，但前提是不能太过盲目于企业在新三板市场的表现，因为机构或企业投资者会利用资本市场炒作股价。

三、新三板定增背后的喜与忧

定增是企业挂牌后的主要融资手段与方式，然而，企业在挂牌后，因为要面对资本市场，并不是所有的定增方案都会得以顺利实施，因为公司的股价在市场上会出现波动，甚至跌破发行价或定增价，从而导致增发案的"流产"。

延伸阅读：新三板挂牌企业如何确定定增股价？

在确定定增的股票价格时规定，上市公司定增时的股票价格，不得低于停牌前 20 个交易日平均价的 90%。然而在新三板市场，挂牌公司实施定增时，其股票价格却没有明文规定，而是采用协议定价的交易方式，也就是定增对象与公司协商后确定增发的价格，因而无法准确反映公司股价的真实水平。

案例精选

2014 年 7 月 7 日，江阴市新昶虹电力科技股份有限公司在新三板挂牌，证券简称为：新昶虹，证券代码为 830830。到了 2015 年 5 月 4 日，公司首次公布股票公告方案，但时间过去了 4 个月，定增方案却依然没成功，并不是新昶虹放弃了增发，其间新昶虹也曾三次修改了方案，只不过市场并不买账。

其后，新昶虹的定增之路仍在上演，公司为了成功融资，再次决定对公司 35 名特定对象进行增发不超过 1200 万股的股票，发行价格为每股 3 元，而至 2014 年底时，新昶虹的每股净资产为 2.19 元，此次调低价格的增发最终得以成功，但原定的获配对象却扩大到了 73 家。

卖家点评：

（1）由于新三板挂牌企业确定增发股票价格时，没有统一的标准，因此价格的波动幅度较大，尤其是机构投资者或企业投资者参与定增时，股价无法真实反映出企业的价值。因此，那些缺少资金支持的企业往往会折价定增，以实现融资。

（2）挂牌企业要想获得高价定增，必须以自身的盈利水平来说话。

四、中科招商：融资 300 亿元的新三板"吸金之旅"

经典案例

2015 年 3 月 20 日，中科招商正式挂牌新三板，并提出了 90 亿元的增发方案，但是很快，即将融资金额调整至 50 亿元。在之后的两个多月，50.32 亿元的募集资金就已经到账。其后，中科招商为了设立新的基金并增加 GP 出资额，再次以 18 元/股的价格进行了融资，并募集到了 35 亿元。

在两次融资成功后，谁也没有想到，在 2015 年 9 月上旬，中科招商再次提出了一个以每股 27 元的价格定向增发高达 300 亿元的融资方案。只是，这一"天价"融资刚刚有了一点眉目的 11 月，也就是时隔两个月后，中科招商又提出了135亿元的融资计划……

如此动辄几十亿元甚至上百亿元的高额融资，对于中科招商来说，其掌管着高达600亿元的基金，并不算什么，可是对于新三板市场而言，中科招商却无异于一头巨大的"吸金兽"，因为在提出300亿元融资方案之前，中科招商已经从新三板市场拿走了百亿余元。100亿元并非小数目，据官方统计，在2014年初至10月，新三板共有1446家公司完成了2000次的股票发行，融资总额813亿元，而仅仅是中科招商一家公司即占据了其1/8，其他挂牌公司能够融到的资金可想而知；并且，2014年上市公司最大的IPO国泰君安，当时曾融资也不过301亿元。

尽管，中科招商300亿元的增发至今仍未实现，但其透过新三板向中国资本市场的呐喊却是清晰可见的，尤其是其在参与上市公司并购时，竟然一连举牌了16家上市公司，速度之快，出手之决绝，鲜有公司能望其项背。

延伸阅读：新三板挂牌企业的定增股票锁定期是多久？

与上市公司不同，新三板挂牌企业在实施定向增发时，没有对定增股票的锁定期做明确规定，也就是说，所有参与挂牌公司定增的投资者，其定增股票的锁定期都是双方经过协商确定的，但是，市场上也出现了一种"自愿锁定"的方式，即在认购合同中不明确约定锁定期，企业只保留有意愿锁定半年时间的投资方成为公司新晋股东。这表明，新三板的买卖双方，依然存在稳定的"利益共同体"。

卖家点评：

（1）企业挂牌是为了更好地融资发展企业，投资者参与是为了从投资中获利。新三板市场，只有不断完善体制，才能更好地为企业与投资方搭建一座好的桥梁。

（2）在新三板市场，企业应当从长远利益出发去融资，而投资方也应从价值投资的角度出发去参与，只有买卖双方成为真正的"利益共同体"，才会实现双赢。

第三节 新三板里的资本博弈

一、南孚电池：新三板的"借壳"之旅

延伸阅读：全国股转系统对"借壳"的规定是什么？

目前，全国中小企业股份转让系统并未专门针对"借壳"出台明确的监管意见，在《全国中小企业股份转让系统挂牌业务问答——关于挂牌条件适用若干问题的解答》中，第五条提到，关于报告期内申请挂牌公司发生实际控制人变更或者主要业务转型的是否可申请挂牌，申请挂牌公司在报告期内存在实际控制人变更或主要业务转型的，在符合股转系统的指引和要求的前提下可以申请挂牌。这也就意味着，企业可以"借壳"挂牌，只要条件适合挂牌的要求即可，但是，如果被全国中小企业股份转让系统认定为申请挂牌企业存在"借壳"的话，挂牌业务部和公司业务部都将共同参与审查。

案例精选

2014年6月6日，云南亚锦科技股份有限公司在新三板挂牌，证券简称为：亚锦科技，证券代码为830806。时隔不到一年，在2015年2月19日，公司以

定向增发的方式，以 26.4 亿元的股份获得大丰电器持有的南孚电池 60% 股份，从而实现了"卖壳"，发行价格为每股 1 元。

公司重组后，大丰电器将拥有亚锦科技 99.81% 的股权。如此一来，等于南孚电池完全拥有了亚锦科技，实现了新三板的"借壳"上市。

为什么南孚电池如此急于挂牌新三板呢？这就涉及其幕后的投资方，最初，因公司发展急需资金，南孚电池曾几度易手，摩根等投资大鳄入主后，因无法推动公司上市，将股份转给美国吉利公司，后又转手给了鼎晖投资控股的大丰电器。其间，南孚电池的资本运作不当已使其丧失了股权控制权。

因南孚电池的股权一直不清晰，导致公司无法直接上市或是在新三板挂牌，而亚锦科技虽然实现了挂牌，却一直处于亏损状态，资金匮乏，于是才有了鼎晖投资借机地"象入蛇口"，完成了南孚电池入主亚锦科技之举，以便鼎晖投资可以借南孚电池挂牌新三板之机出手。

相对于鼎晖投资的资本撤离，南孚电池也可以借新三板实现自主经营，找回曾经丢失的股权控制权，可谓各怀心思，又各有所得。

卖家点评：

（1）新三板规定中，没有明令禁止企业借壳，因此，无法直接实现挂牌又有需求的企业，可以通过借壳实现挂牌，但借壳时一定要使重组后的企业适合新三板要求。

（2）企业在借壳时，肯定会出现双主营业务的情况，因此一定要突出其主营业务的发展情况。

二、新三板并购：九鼎集团，醉翁之意不在酒

延伸阅读：什么叫并购？

并购是指兼并和收购。兼并又被叫作吸收合并，原意是指两种不同的事物，因故合并成一体。在资本市场，是指两家或者更多的独立企业，合并组成一家企业，通常由一家占优势的公司吸收一家或者多家公司。收购是指一家企业用现金或者有价证券购买另一家企业的股票或者资产，从而获得对这家企业的全部资产或某项资产的所有权，或对这家企业的控制权。与并购意义相关的另一个概念是合并，是指两个或两个以上的企业合并为一个新的企业，合并完成后，多个法人将会变成一个法人。

案例精选

九鼎集团是一家专业的私募股权投资管理机构，曾经参与投资过很多新三板挂牌企业，自身在新三板的挂牌时间虽然不长，但却是一家不容忽视的实力公司。

2015年8月，公司宣布了以106.88亿港元收购富通亚洲控股有限公司的全部股权。此前，复星集团的郭广昌与中国香港李嘉诚的儿子李泽楷均看上了富通亚洲控股有限公司，而市场方面一直认为，成交价应在10亿美元（合78亿港元）左右。只是没想到，九鼎集团却以远远高出市场价30亿港元的价格成交。

九鼎集团如此大手笔，看起来是有钱而任性的表现，但实际上却非如此，九鼎集团的此次收购富通亚洲控股，是其进军海外市场所迈出的坚定一步。由此看来，此时多花点钱倒是次要的，关键是要稳稳拿下富通亚洲控股，以实现公司未来向海外市场进军的战略。因此，在成就2015年最大的一次收购案的同时，九

鼎集团的"醉翁之意"，还是从"酒壶"里溢了出来。

卖家点评：

（1）企业在并购其他企业时，不应过分计较所付出的代价，而是要基于未来的发展战略，因此此时的看似高价并购，也许过不了多久，就会成为低价。

（2）企业在进行并购时，一定要根据自身的实力量力而行，不能盲目扩张，自身实力未达到却过于超前。

三、蓝山科技：新三板里的"双手互搏"

延伸阅读：资本市场有什么特点？

在资本市场，资金供应者主要是储蓄银行、保险公司、信托投资公司及各种基金和个人投资者；资金需求方主要是企业、社会团体、政府机构等。交易对象主要是中长期信用工具，如股票、债券等。资本市场主要包括中长期信贷市场与证券市场，有着如下特点：

（1）融资期限长。在资本市场，至少在 1 年以上，也可以长达几十年，甚至无到期日。

（2）流动性相对较差。资本市场里筹集到的资金，大多被用于解决企业的中长期融资需求，因此，流动性和变现性相对较弱。

（3）风险大而收益较高。因资本市场里的融资期限比较长，发生重大变故的可能性也会加大，市场价格容易出现波动，投资者需承受较大风险。然而作为对风险投资的报酬，其收益也比较高。

案例精选

2014 年 6 月 20 日，北京蓝山科技股份有限公司实现挂牌，证券简称为：蓝山科技，证券代码为 830815。在 2015 年 11 月 18 日，蓝山科技决定以增发的形式，将上海元泉持有的上海易兑 100% 的股权进行收购。

此次的定向增发收购，蓝山科技要付出 22.3344 亿元，可是，上海易兑的公司净资产却只有 3275.47 万元，并且，上海易兑已经连续三年出现亏损。那么，蓝山科技此举不是明显出远高于其净资产的价格在收购一家亏损企业吗？是蓝山科技头昏了，还是上海易兑有什么别人不知道的价值？

上海易兑的主营业务是个人本外币兑换特许业务，并未潜在什么大的发展机遇，只是蓝山科技在实施本次定增收购的同时，还有一项以每股 6 元发行价募集 6.6 亿元配套资金的计划。并且，蓝山科技、上海元泉、上海易兑这三家企业的法定代表人都是谭澍。

如此一来，蓝山科技的此次高溢价定增收购就明了了，原来是其法人谭澍玩的一次左手倒右手的"双手互搏"，其真正的目的在于那 6.6 亿元的配套融资。可惜之后，蓝山科技的股价一直就没涨到过 6 元，一直在 4 元左右徘徊。

卖家点评：

（1）无论是挂牌公司的定增收购，还是并购之举，如果价格与收购的企业价格相差过大，那么其中必定会有什么猫腻，因此，只有搞清楚其后的目的，才会看得更明白。

（2）资本动作与做企业不同，不是以产品来说话的，因此，挂牌企业在资本市场里的行为，一定要遵循资本市场里的法则。

四、钢钢网：新三板定增路上的"梦想扩张"

延伸阅读：什么是企业愿景？

企业愿景又称为企业远景，简称愿景，是指企业战略家对自身企业的前景和发展方向的一个高度概括的描述。由企业核心理念（核心价值观、核心目的）和对未来的展望（未来 10~30 年的远大目标和对目标的生动描述）构成，通常，企业愿景大都具有前瞻性的计划或开创性的目标，是企业发展的指引方针，是要用较长的时间，由企业努力才能完成的，而非短期的愿望。

案例精选

钢钢网是一家钢铁行业的电商，在 2014 年 11 月 19 日成功实现新三板挂牌，证券简称为：钢钢网，证券代码为 831277。

在挂牌不足一年后的 2015 年 10 月 16 日，钢钢网公布了第 4 次定向增发融资方案，决定以每股 75.64~107.45 元的价格，发行 1546.9 万股股份，募集不低于 11.70 亿元，不超过 16.6 亿元的资金。

但是，钢钢网募集这么多的资金做什么呢？其公告中很清楚，打算以此次募集到的资金，不足的部分由企业自身出，凑足 20 亿元，以收购首钢股份。而此时再看一下钢钢网的总资产就会发现，2015 年上半年的总资产才 8437.78 万元，如果与收购首钢股份的资金相比，悬殊很大。

"互联网+"的发展很迅猛，钢钢网是在 2009 年开始筹备，2011 年 3 月正式上线的，数年的快速发展，同时让钢钢网的思维也充满了几分互联网思维，竟然做起了"蛇吞象"的美梦，刚刚在新三板挂牌不久，竟然异想天开地以 7.5~10 倍的股价完成入主首钢股份的"梦想扩张"，这种思想未免太过天真或超前了，充满了互联网思维。

卖家点评：

（1）企业挂牌后，可以借助资本市场的力量，完成企业的快速发展，但挂牌企业的扩张，要符合现实，并在现实的基础上去努力实现，而不能以主观的愿望去一厢情愿地幻想。

（2）发展再迅速的企业，也不能以自身发展的速度去臆想现实，因为现实的资本市场是要靠实力说话的，而不是仅仅有梦想就可以了。

五、新三板挂牌的"对赌"

在新三板市场，无论企业在挂牌前还是挂牌后，只要对赌协议不影响公司的实际控股权，事实上也是企业以协议承诺的方式，完成顺利融资的一种方式。

延伸阅读：什么是对赌协议？

对赌协议是期权的一种形式。通过具体条款的设计，对赌协议能够有效地保护投资人的利益。对赌协议最早出现在国外投行对国内企业的投资中，后来广为应用于国内投资方与融资方之间。

对赌协议就是指收购方（包括投资方）与出让方（包括融资方）在达成并购（或者融资）协议时，对于未来不确定的情况进行一种约定。如果约定的条件出现，投资方可以行使一种权利；如果约定的条件不出现，融资方则会行使一种权利。因此，对赌协议实际上就是期权的一种形式。

案例精选

2013 年 11 月 12 日，天津皇冠幕墙装饰股份有限公司挂牌新三板，证券简称为：皇冠幕墙，证券代码为 430336。为了顺利完成以定增方式的融资，皇冠幕墙于 2014 年 3 月 27 日发布公告，将定向发行 200 万股股票，融资 1000 万元，新增一名股东天津市武清区国有资产经营投资公司，武清国投将以现金的方式全额认购本次定向发行的股票。

定增公告实施前，公司还披露了武清国投与公司前两大股东欧洪荣、黄海龙的一条对赌条款，条款要求：自 2014 年起，皇冠幕墙连续三年，每年经审计的营业收入应保持 15% 增幅；如果公司达不到这一条款，武清国投有权要求欧洪荣、黄海龙以其实际出资额 1000 万元＋5% 的年收益水平的价格受让其持有的部分或者全部股份。

公告发布后，皇冠幕墙得以顺利完成了定向发行，此时，公司股东欧洪荣、黄海龙以及武清国投所占公司股份比例分别为 46.609%、28.742% 以及 4.334%。

因当事人签订对赌协议时，是本着自治的原则自愿订立，内容并不影响皇冠幕墙及其他股东的利益，所以条款合法有效。而执行该条款后，股份的变更也不会导致皇冠幕墙的控股股东、实际控制人发生变化，并不会影响到皇冠幕墙的持续稳定经营。

卖家点评：

（1）挂牌企业或即将挂牌企业在签订对赌协议时，签署方应为公司控股股东与投资方，不能涉及企业的主体。

（2）对赌协议签订后，即使触发对赌协议，也不能影响到企业的控制权，进而影响公司的持续经营，因此要求，企业在签订对赌协议时，不应以影响公司控制权为赌注。

六、异想天开的资本博弈：参仙源收购京朝生发

延伸阅读：并购有什么风险？

（1）融资风险。企业要实现并购，通常需要大量资金，若是筹资不当，会对企业的资本结构和财务杠杆产生不利的影响，以增加企业的财务风险。

（2）目标企业价值评估中的资产不实风险。因为并购双方的企业信息不对称，企业看好的是被并购方的资产，而并购完成后，有可能会发现被并购方的资产存在被严重高估，甚至一文不值，从而给企业造成很大的经济损失。因为在并购过程中，人的主观性对并购影响很大，往往不能按市场价值规律来实施并购。

（3）反收购风险。若是企业并购演化成敌意收购，被并购方就有可能会不惜一切代价去设置障碍，从而增加公司的收购成本，甚至有可能会导致收购失败。

（4）营运风险和安置被收购企业员工风险。企业完成并购后，可能并不会产生协同效应，因并购双方的资源可能难以实现共享互补，整个公司反而有可能会被拖累。且并购方往往会被要求对方安置被收购的企业员工或者支付相关的成本，若处理不当，收购方往往会因此背上包袱，增加管理成本和经营成本。

案例精选

辽宁参仙源股份有限公司是一家主要从事野山参的种植、销售和旅游景区管理的公司，2014 年 12 月 8 日挂牌新三板，证券简称为：参仙源，证券代码为831399。

公司挂牌半年后，2015 年 7 月因财务造假接受证监会调查，却因此躲过了股灾，股价依然停留在 62 元，市值高达 65.78 亿元。或许，这一点让参仙源萌生了胆略，决定以 9.56 亿元收购京朝生发 100% 的股权与一些林地的使用权及附着资源的所有权。京朝生发是一家农业公司，林下参是其重要业务，而参仙源所看重的正是这一点，因为如果此次收购完成的话，参仙源所看重的正是京朝生发所拥有林地下的野山参。

为了完成这一目的，参仙源决定以定向发行股票的方式支付转让价款，拟向 17 名自然人发行股票共计 5692384 股，以每股 168 元的价格发行，交易金额达 9.56 亿元。猛一看，这并没有什么，可是参仙源在 2015 年停牌前的股价才仅仅 62 元，如今却要以 168 元的高于原股份超过 100% 的溢价来定增，未免有些异想天开了，况且公司还涉嫌财务造假被证监会调查呢。

卖家点评：

（1）增发收购本是资本市场里经常发生的事情，但企业应当根据自身的情况决定增发的股价，而不能只是一厢情愿地定价。

（2）即使企业产品有着很好的市场潜力，企业也不能只靠产品的故事去编造资本市场里的"传奇"，否则只能落个"头破血流"。

第九章　新三板的发展前景

第一节　国家对新三板的重视

一、新三板发展历程

如今所说的新三板，是指扩容后的全国中小企业股份转让系统，但新三板的出现，却与最初的旧三板市场的出现是分不开的。

2001 年 6 月 12 日，为了解决原 STAQ、NET 公司法人股及退市公司的历史遗留问题，代办股份转让工作正式启动。2002 年 8 月 29 日起，退市公司纳入三板市场。这也就是俗称的旧（老）三板市场。

到了 2006 年 1 月，为了利用资本市场支持高新技术等创新型企业发展，中关村园区股份报价转让试点正式启动；2012 年 8 月，这一试点又扩大到了上海张江、武汉东湖、天津滨海三地园区。

经过多少次的试点运行后，为了扩大新三板市场，2013 年 1 月，全国中小企业股份转让系统正式挂牌。到了 2013 年 12 月 13 日，国务院正式发布《关于全国中小企业股份转让系统有关问题的决定》，这标志着新三板正式扩容至全国。

2013 年 12 月 26 日起，为了贯彻落实《关于全国中小企业股份转让系统有关问题的决定》，证监会先后发布了《关于修改〈非上市公众公司监督管理办法〉的决定》、《股东人数超过 200 人的未上市股份有限公司申请行政许可有关问题的审核指引》等七项配套规则。

延伸阅读：新三板建立的目的是什么？

（1）解决原 STAQ 和 NET 两个法人股流通市场（"两网"系统）关闭后所遗留的历史问题。

（2）承接主板市场中退市的股票，化解主板市场股票退市的风险。

（3）完善中国的资本市场，构建中国场外交易市场。

案例精选

大自然公司是在 1993 年 3 月进入 STAQ 系统挂牌交易的，当时，规范履行信息披露义务、股东权益为正值或净利润为正值、最近年度财务报告未被注册会计师出具否定意见或无法表示意见的公司，股票每周可最多转让五次，证券代码的最后一个字符为"5"。大自然即每周交易五次的公司，后来，STAQ 系统关闭，大自然公司的股票自然无法再进行交易，2007 年，大自然公司曾试图申请在主板 IPO，但最终失败。最终，大自然公司不得不依然回到了新三板市场，后来，随着新三板分层制度、转板制度以及交易制度的不断完善，大自然将获得更多潜在的机会。因此说，大自然公司是见证了新三板不同发展时期的一家公司，也是随着新三板制度不断完善而发展壮大的公司。

卖家点评：

（1）新三板的出现，以及不断完善，给那些这一时期的公司提供了更多的接触资本市场的机会，从而利用资本市场，公司得以不断发展、壮大。

（2）在新三板发展的不同历史时期，企业都是根据新三板制度的发展而发展的。

二、佳讯飞鸿：借助新三板，成功转战创业板

案例精选

北京佳讯飞鸿电气股份有限公司是经北京市科学技术委员会认定的高新技术企业和软件企业，为国内领先的指挥调度通信系统提供商，其成立于 1995 年初，是一家专注于通信、信息领域的新技术及新产品的自主研发与生产，实现规模销售的通信设备及解决方案提供商，为用户提供技术支持、产品销售、售后跟踪服务以及系统技术保障等服务。

2007 年 9 月底时，中关村园区股份报价转让试点刚刚成立一年多，而佳讯飞鸿公司正好为中关村园区的企业，佳讯飞鸿公司为了进入资本市场，借助资金的帮助发展，便申请了新三板，并于 9 月底时，经主办券商申银万国推荐，成功实现了挂牌。

新三板挂牌，只是企业发展的权宜之计，公司的目标是上市，然而，2008 年由于新股暂停上市，而 2009 年，创业板开板，原本想登陆深市中小板的佳讯飞鸿便提出申请，并于 2011 年 3 月 22 日通过发审委审核，成功登陆中小板，证券简称为：佳讯飞鸿，股票代码为 300213，成为了当年首家实现转板成功的新三板企业。

延伸阅读：中关村 7 年试点反映出什么问题？

（1）试点挂牌企业是属于公众公司还是非公众公司，性质不明确，使得

挂牌企业股东接近 200 人后，不得不处于长期停牌状态。

（2）因为是试点，导致市场风险多，不利于发挥市场效率和功能，令新三板市场缺乏吸引力。

（3）试点挂牌公司未形成定向增资制度，并及时向外公布，试点挂牌企业的融资功能不强。

卖家点评：

（1）新三板制度仍在不断完善中，挂牌企业应当抓住新三板发展与改革的机遇，接近资本市场，实现企业的腾飞。

（2）企业在挂牌新三板后，应当在不断提升公司的前提下，去努力抓住市场改革的机遇，而不是纯粹意义上的利用市场融资。

第二节　新三板的规模

一、新三板千亿元增发大军

企业挂牌新三板，多数是看中其融资的功能，而企业通过挂牌成功融资的规模也在不断扩大，尤其是在 2015 年，新三板全年的融资额高达 1168.09 亿元，堪比创业板，而其中，融资额较大的挂牌企业多为投资公司，如九鼎投资，仅其一家公司在 2015 年 11 月初就完成了 100 亿元的定增。PE 的大举挂牌，无疑成为了新三板融资的主力军，也成为了新三板企业挂牌融资的典范。

延伸阅读：企业挂牌新三板有什么风险？

（1）带来持续的维持成本。企业在挂牌新三板过程中，整体中介的收费在 100 万元左右，目前许多地方政府可以覆盖掉这部分的成本，然而随之而来券商持续督导的花费、合法运行，尤其是挂牌之后需要合法缴税，虽然近期地方政府为了促进企业挂牌会有一些地方留存的返还，可是长期来看，还是会成为挂牌后的持续成本，企业好与坏，其实企业管理者最清楚，挂牌后的经营如果没什么大起色或者融资也不很顺利的话，对于小企业来说，可能是一个不小的长期负担。

（2）控制权流失的风险。企业挂牌后，股权的流动性大增，可以拆细交易，相对控制权的流失所产生的风险，相对而言比 PE 投资的风险要大。

案例精选

北京方富资本管理股份有限公司是一家专门从事私募股权投资基金管理业务的公司，成立于 2012 年，是一家年轻的投资公司。公司成立后，在不断发展中，不仅不断投资新三板挂牌企业，而且为了自身发展，公司于 2015 年 10 月 20 日成功挂牌新三板，证券简称为：方富资本，证券代码为 833962，并随后宣布了一份定增报告，决定以每股 200 元的价格发行不超过 300 万股股份，预计募集资金总额不超过 6 亿元。

尽管在 2016 年 1 月的时候，方富资本以"鉴于主管部门暂停私募基金管理公司在新三板定向增发融资的要求"为由，决定暂缓实施这一高达 6 亿元的定增方案。然而，这并不说明公司不再融资，因为方富资本的总体发展目标是成为一流服务型资产管理平台，成就独具特色的金融孵化器业务，最终成为金融控股集团。

接下来，公司将根据自身发展态势，择机通过投资新设或并购方式，开展公募基金、证券、融资租赁、保险及银行等业务。

这说明，公司仍然会继续在新三板融资，至于融资的额度，或许会更大，但即使融资再多，方富资本也是为了更好地发展企业。

> **卖家点评：**
>
> （1）企业在挂牌后，融资的额度是根据自身的需求而定的，因此，企业有多大的魄力，才会有多大的融资需求。
>
> （2）挂牌企业融资时，应当合理制订方案，以更为合理的价格增发，顺利实现融资。

二、不断增高的新三板挂牌企业市盈率

新三板的定位应当是企业上市资源的"孵化器"和"蓄水池"，其作用是解决大多数中小企业的资本市场服务需要。如果把整个资本市场体系比作金字塔的话，新三板市场应当是塔基。也就是说，企业在新三板挂牌之后，具有较高的IPO预期，然而，由于企业在新三板挂牌后，投资机构的大举介入，使得挂牌企业在定增融资时，市盈率却被不断抬高，从最初的15~20倍区间，被抬高到2014年的40~50倍，到2015年5月23日时，挂牌企业的平均市盈率达56.13倍，然而，就这一数据显然与创业板80~90倍的市盈率仍然有着一定的差距，也就是升值潜力，再加上投资机构的追捧，也使得挂牌企业在定增时的市盈率始终呈节节攀升的趋势。

延伸阅读：什么是市盈率？

市盈率，是指在一个考察期（通常为 12 个月）内，股票的价格和每股收益的比率。投资者通常利用市盈率的比例值来估量某一股票的投资价值；或者是利用这一指标，在不同公司的股票之间进行比较。通常来说，假如一家公司的股票市盈率过高，说明其股票价格具有"泡沫"，价值被高估；相反，则说明公司股票价格被低估，具有投资价值。

案例精选

北京国学时代文化传播股份有限公司是一家在国学传播领域独具特色的文化创意企业，成立于 2002 年 4 月，主要从事古籍数字化研究、网络文献检索开发和网站建设，是中国最大的专业古籍电子文献数据公司之一。

2009 年 3 月 31 日正式在新三板挂牌，证券简称为：国学时代，证券代码为430053。但在 2012 年 9 月的一次定增时，公司以每股 10 元的价格增资 102.35 万股，募集资金 1023.5 万元。如果仅仅从股价看，其与中海洋的定增每股 310 元比较，差了 31 倍，但是若从市盈率看，却要远远高于中海洋。

根据国学时代公司 2011 年度经审计的归属于母公司净利润约 75 万元计算，本次增资后摊薄的每股收益为 0.12 元，摊薄静态市盈率约为 83 倍。即使到如今，国学时代此次增发的市盈率仍然是很高的。

卖家点评：

（1）挂牌企业在实施定向增发时，不要过分计较市盈率的高低，因企业的情况不一样，有的企业市盈率本来就高，而有的本来就低，不能过于从市盈率去计较。

（2）挂牌企业或投资者在参与企业定增时，并不是定增股价的市盈率越低，就越容易成功，因为通常，只有业绩差又缺钱的公司，才肯以低市盈率发行股票。

三、九鼎集团：自己主导，融资百亿

经典案例

九鼎集团是第一家新三板挂牌的投资机构，2015 年 5 月 19 日，九鼎集团启动了这次增发。当时，据公司公告显示：公司拟增发股票 5 亿股，募集 75 亿~125 亿元，发行价格预计为每股 15~25 元。

在其后的 5 个月间，股灾突然出现，市场行情的转变，导致很多挂牌企业也难以融资，然而正当众多挂牌企业为融资绞尽脑汁时，九鼎集团却宣布，公司以每股 20 元的价格完成了此次的 100 亿元融资。

并且，根据九鼎集团的公告显示，此次共有 22 个投资者参与了认购，其中包括 19 只资管产品和 3 位自然人投资者。这 3 位个人投资者分别是：1972 年出生的浙江人沈昌宇，耗资 3 亿元认购了 1500 万股；1978 年出生的山西临汾人信素艳，耗资 1.59 亿元认购了 796.9 万股；1983 年出生的湖北武汉人周怡，耗资 2166 万元认购了 108.3 万股。

如此大规模的融资，九鼎集团却并不是依靠券商完成的，而是由九鼎集团自己主导完成的。在震动市场的同时，九鼎集团也用自身的行动震惊了各券商，因为高达 100 亿元的融资，九鼎集团自己就做到了。

延伸阅读：新三板挂牌公司的数量和行业分布是怎样的？

截至 2015 年 11 月 30 日，新三板挂牌企业总数量达到 4383 家，其中 1023 只股票以做市方式转让。

从行业分布来看，挂牌公司中，制造业挂牌公司数量最多，比例高达 55.12%；其次是信息传输、软件和信息技术服务业，占 18.89%；接着是科学研究和技术服务业，租赁和商务服务业，建筑业等，占新三板挂牌公司总量的比例分别为 4.52%、3.33% 和 3.31%。

从大类看，软件和信息技术服务业，专用设备制造业，计算机、通信和其他电子设备制造业，电器机械和器材制造业，化学原料和化学制品制造业等行业挂牌公司数量最多，分别有 650 家、389 家、301 家、258 家和 249 家挂牌公司，其他挂牌公司数量超过 100 家的还有：200 家通用设备制造业、153 家互联网和相关服务业、149 家专业技术服务业、136 家商务服务业、125 家医药制造业、111 家仪器仪表制造业和 106 家非金属矿物制品业。

新三板规模的不断扩大，难免会出现良莠不齐的状况，因此，投资者应当以挂牌公司的盈利能力入手，综合考量。

卖家点评：

（1）企业挂牌新三板后，不仅要依靠市场的力量去融资，有条件的，还可以主动寻找融资对象。

（2）挂牌企业融资时，往往主动中带着被动，这样不利于顺利融资，企业应当变被动为主动，才能扩大融资对象。

第三节 发达国家的新三板状况

一、美国场外柜台交易系统

美国资本市场有三个全国性的主板市场：纽约证券交易所（NYSE）、美国证券交易所（AMEX）、纳斯达克市场（NASDAQ）。

与中国的资本市场相比，纽约证券交易所和美国证券交易所属于主板市场，如中国的上海证券交易所和深圳证券交易所；美国的二板市场就是著名的纳斯达克股票市场，而中国的创业板市场特指深圳创业板；美国场外柜台交易系统就是典型的如中国的新三板市场。

为了便于交易，加强 OTC 市场的透明度，纳斯达克于 1990 年开通了 OTCBB 电子报价系统。OTCBB 电子报价系统提供实时的股票交易价格和交易量。在 OTCBB 上面流通交易的股票，都是达不到在纳斯达克全球市场或小资本市场上市要求的公司股票，因此，其被业内人士称为"未公开上市的证券市场"。

> ## 延伸阅读：什么是 OTC?
>
> OTC 是英文 Over The Counter 的缩写，OTC 用于证券方面时，其方式是指银行间外汇市场交易主体以双边授信为基础，通过自主双边询价、双边清算进行的即期外汇交易，相当于中国资本市场的全国中小企业股份转让系统。

案例精选

1975 年 7 月，比尔·盖茨和艾伦创办了微型软件公司，即微软。然而，在真正成为全球企业 IT 巨头之前，微软公司的股票是在美国场外柜台交易系统（OTCBB）上面进行流通交易的，并通过美国场外柜台交易系统进行融资，获得了公司的起步资金得以成长。这种情况一直持续到 1986 年，微软公司才成功在美国纳斯达克上市，其后开始真正借助资本市场的推动，逐渐成为全球第一个市值 6000 亿美元的高科技上市公司。

卖家点评：

（1）企业要想获得资金的关照成长，是离不开市场的健全的，只有通过合法的市场，企业才能够逐步成长壮大。

（2）再伟大的公司，在它成长之初，也只是个小微企业，伟大的梦想，只是小微企业的愿景，是要通过资本市场的动作，一步一步前进的。

二、英国 AIM

AIM 是英文 Alternative Investment Market 的缩写，是在 1995 年 6 月 19 日，由英国伦敦证券交易所建立的，专门为小规模、新成立和成长型的公司服务的市场，是美国纳斯达克之后欧洲设立的第一个主板之外的股票市场，虽然它附属于伦敦证券交易所，但具有相对的独立性，与日本、新加坡的创业板市场有所区别。

英国 AIM 的交易，是通过另类交易服务进行交易的，实行做市商制度和竞争性报价制度，容许一个或多个做市商在一天之内就某一股票报价。因此，严格来讲，英国 ATM 属于做市交易的创业板市场，而非纯粹意义的三板市场，但它的出现，对中国新三板市场的成立，有着一定的积极意义。

延伸阅读：英国 ATM 的规模多大？

从 1995 年创办至今，已经有 2438 家公司在英国 AIM 上市。其中，有 1549 家企业上市，其中，海外企业 270 家，市值达 1500 亿美元。

英国 AIM 具有单独的管理队伍、规章制度和交易规则，除了对公司的会计报表有规定要求外，没有其他条件限制。在英国 AIM 上市的审查上也很宽松。伦敦证券交易所不进行实质审查，上市担保由保荐人负责，强调的是保荐人的作用和上市公司的自律。

英国 AIM 的作用主要在于要求公司及时充分披露公司信息并予以风险监察，因这一市场主要为职业性或有经验的投资者所设计，所以较为宽松。同时，英国 AIM 向任何国家的任何企业开放，普通股、优先股、企业债券都能够上市，在英国 AIM 上市的公司可以第二上市。如果以独立市场计算，在 2006 年，英国 AIM 全年的集资量排名在全球第六大证券市场。

案例精选

锦州万达包装有限公司是一家包装公司，主营金属旋压加工，高强度螺栓、螺母，线切割，包装机械配件及模具，机械加工等，2004 年 10 月，因公司业务需求，选择了在英国 AIM 上市，并通过市场逐渐进行融资，以发展企业。并且，锦州万达包装有限公司成为了中国第一家在英国 AIM 上市的中国企业。

继锦州万达包装有限公司之后，又相继有超过 40 余家的中国企业，因业务、融资等需求，相继登陆了英国 AIM，如山东烟台莱山区汉和食品有限公司，在 2015 年 2 月 3 日成功在英国 AIM 上市后，不仅成为了第一家在英国上市的中国水产业公司，还利用公司在英国的成功融资，陆续进行返程投资，并且收购了英国老牌批发商 J. Brothers 公司，利用其完善的销售网络扩大企业自身在欧洲市场的销售规模，实现了投资与贸易的互促发展。

　　这种利用境外融资返程投资以及利用境外上市，实施企业的境外扩张，更有利于企业的纵深发展。

卖家点评：

　　（1）国营企业如果想登陆英国 AIM，就一定要按照其上市要求来做，因为只有符合了其上市要求，才能够实现顺利上市。

　　（2）全球经济一体化逐步向纵深发展的现状，也为企业借助资本市场的力量，实现腾飞，提供了多种可能，因此，企业可以根据自身需求，选择许多境外市场参与资本市场。

三、发达国家挂牌新三板的成功案例

经典案例

　　2007 年，因中国的新三板市场只在中关村开办了试点，因此当时的绿诺国际因为发展的需求，选择了到美国场外柜台交易系统（OTCBB）挂牌，以寻求融资发展。当时，绿诺国际选择了美国当地某大型银行与旗下对冲基金为定向增发对象，以每股 4.88 美元，实施了定向募集，共募集了 2500 万美元。其后，绿诺国际又于 2010 年底转板纳斯达克市场，实现了公开 IPO，因为即使是国外的 OTCBB，毕竟不是终点，企业最终的目标还是上市。

　　比如绿诺国际，企业在登陆 OTCBB 后，得以拥有资金大力发展企业，同时参与增发的美国当地某大型银行与旗下对冲基金也获得了巨大的收益，因为绿诺国际转板纳斯达克市场后，股份出现了上涨，若是以绿诺国际的最高价每股 35 美元的股价计算，美国当地某大型银行与旗下对冲基金仅此次参与绿诺国际的投

资，即浮盈接近 7 倍。

延伸阅读：什么是场外交易市场？

场外交易市场，是指在证券交易所外进行证券买卖的市场。它主要由柜台交易市场、第三市场、第四市场组成。场外交易市场的组织方式采取做市商制。投资者直接与证券商进行交易，而不是直接与企业交易。证券交易通常在证券经营机构之间或是证券经营机构与投资者之间直接进行，不需要中介人。

卖家点评：

（1）若国内企业在登陆国外的三板市场时，一定要按照国外市场的要求来做，这样才能够顺利登陆，如果需要中介机构服务时，应遵从国外市场的要求，而不要盲目为一些国际中介机构所骗，花冤枉钱。

（2）若国内企业在国外三板市场挂牌后想转板或是借壳时，应当看清壳资源是否干净，而不要盲目信奉一些国外中介机构，只求快速达到上市。

附录 1

国务院关于全国中小企业股份转让系统有关问题的决定

国发〔2013〕49 号

各省、自治区、直辖市人民政府，国务院各部委、各直属机构：

为更好地发挥金融对经济结构调整和转型升级的支持作用，进一步拓展民间投资渠道，充分发挥全国中小企业股份转让系统（以下简称全国股份转让系统）的功能，缓解中小微企业融资难，按照党的十八大、十八届三中全会关于多层次资本市场发展的精神和国务院第 13 次常务会议的有关要求，现就全国股份转让系统有关问题作出如下决定。

一、充分发挥全国股份转让系统服务中小微企业发展的功能

全国股份转让系统是经国务院批准，依据《证券法》设立的全国性证券交易场所，主要为创新型、创业型、成长型中小微企业发展服务。境内符合条件的股份公司均可通过主办券商申请在全国股份转让系统挂牌，公开转让股份，进行股权融资、债权融资、资产重组等。申请挂牌的公司应当业务明确、产权清晰、依法规范经营、公司治理健全，可以尚未盈利，但须履行信息披露义务，所披露的信息应当真实、准确、完整。

二、建立不同层次市场间的有机联系

在全国股份转让系统挂牌的公司，达到股票上市条件的，可以直接向证券交

易所申请上市交易。在符合《国务院关于清理整顿各类交易场所切实防范金融风险的决定》(国发〔2011〕38 号) 要求的区域性股权转让市场进行股权非公开转让的公司，符合挂牌条件的，可以申请在全国股份转让系统挂牌公开转让股份。

三、简化行政许可程序

挂牌公司依法纳入非上市公众公司监管，股东人数可以超过 200 人。股东人数未超过 200 人的股份公司申请在全国股份转让系统挂牌，证监会豁免核准。挂牌公司向特定对象发行证券，且发行后证券持有人累计不超过 200 人的，证监会豁免核准。依法需要核准的行政许可事项，证监会应当建立简便、快捷、高效的行政许可方式，简化审核流程，提高审核效率，无须再提交证监会发行审核委员会审核。

四、建立和完善投资者适当性管理制度

建立与投资者风险识别和承受能力相适应的投资者适当性管理制度。中小微企业具有业绩波动大、风险较高的特点，应当严格自然人投资者的准入条件。积极培育和发展机构投资者队伍，鼓励证券公司、保险公司、证券投资基金、私募股权投资基金、风险投资基金、合格境外机构投资者、企业年金等机构投资者参与市场，逐步将全国股份转让系统建成以机构投资者为主体的证券交易场所。

五、加强事中、事后监管，保障投资者合法权益

证监会应当比照《证券法》关于市场主体法律责任的相关规定，严格执法，对虚假披露、内幕交易、操纵市场等违法违规行为采取监管措施，实施行政处罚。全国股份转让系统要制定并完善业务规则体系，建立市场监控系统，完善风险管理制度和设施，保障技术系统和信息安全，切实履行自律监管职责。

六、加强协调配合，为挂牌公司健康发展创造良好环境

国务院有关部门应当加强统筹协调，为中小微企业利用全国股份转让系统发

展创造良好的制度环境。市场建设中涉及税收政策的，原则上比照上市公司投资者的税收政策处理；涉及外资政策的，原则上比照交易所市场及上市公司相关规定办理；涉及国有股权监管事项的，应当同时遵守国有资产管理的相关规定。各省（区、市）人民政府要加强组织领导和协调，建立健全挂牌公司风险处置机制，切实维护社会稳定。

国务院

2013 年 12 月 13 日

附录 2

中国证监会关于进一步推进全国中小企业
股份转让系统发展的若干意见

《国务院关于全国中小企业股份转让系统有关问题的决定》（国发〔2013〕49号，以下简称《决定》）发布以来，中国证监会深入贯彻落实《决定》部署，稳步推进全国中小企业股份转让系统（以下简称全国股转系统）市场建设，全国股转系统挂牌公司数量快速增长，融资规模持续扩大，对促进中小微企业发展、完善直接融资体系发挥了积极作用。为进一步贯彻落实《决定》要求，加快推进全国股转系统制度完善，提出以下意见。

一、充分认识加快发展全国股转系统的重要意义和目标任务

全国股转系统是经国务院批准，依据《证券法》设立的全国性证券交易场所，是我国多层次资本市场的重要组成部分。加快发展全国股转系统，对于健全直接融资体系，服务实体经济发展，推动经济结构转型升级，促进"大众创业，万众创新"，具有战略意义。

发展全国股转系统应立足于服务创新型、创业型、成长型中小微企业的市场定位，构建具有自身特色的市场制度体系，切实增强服务实体经济的能力。一是着眼中小微企业及其投资人的特点和需求，丰富产品和制度供给，发挥公开市场优势，坚持包容性制度特色，持续提高投融资对接效率；二是大力发展多元化的机构投资者队伍，强化主办券商组织交易的功能，稳步提升市场流动性水平；三是坚持独立的市场地位，公司挂牌不是转板上市的过渡安排，全国股转系统应逐

步完善服务体系，促进挂牌公司成长为优质企业，同时着眼建立多层次资本市场的有机联系，研究推出全国股转系统挂牌公司向创业板转板的试点，建立全国股转系统与区域性股权市场的合作对接机制；四是坚持创新发展与风险控制相匹配，既要坚定不移地推进改革创新，又要牢牢守住不发生系统性、区域性风险的底线，着力完善现有制度，强化风险控制能力，现阶段不降低投资者准入条件，不实行连续竞价交易。

二、进一步提高审查效率，增强市场融资功能

提高审查工作的效率和透明度。全国股转系统应坚持和完善以信息披露为核心的理念，加快构建以投资者需求为导向的差异化信息披露制度体系。挂牌公司是信息披露第一责任人，应保证信息披露内容的真实、准确、完整、及时。主办券商、会计师事务所、律师事务所等中介机构应依照法定职责，对公司提供的信息资料进行核查验证并作出专业判断，对出具的文件承担尽职责任。投资者应依据公开信息自行判断公司的投资价值和投资风险，审慎进行投资决策，自担投资风险。全国股转系统应进一步优化公司挂牌、股票发行和并购审查工作机制。挂牌审查重点关注公司是否符合挂牌基本条件，以及信息披露文件的合规性、一致性、齐备性和可理解性，全程披露审查进度，同时建立中介机构工作底稿留痕和事后追责制度，强化申报即披露、披露即担责的监管要求。对于股东人数超过200人的公司和股东人数未超过200人的公司的股票发行和并购，应统一审查理念、申报文件和信息披露要求。巩固和完善小额、快速、灵活、多元的投融资机制。完善相关制度，鼓励公司挂牌同时向合格投资者发行股票，发行对象、数量依公司需求确定，并探索放开对新增股东人数的限制。挂牌公司持续融资，可自主决定发行时点和发行方式。公司发行定价遵循市场化原则，可通过询价或与投资人协商确定，但对于明显低于市场价格的，全国股转系统应建立相关管理制度。加快推出一次审批、分期实施的储架发行制度，以及挂牌公司股东大会一次审议、董事会分期实施的授权发行机制。发展适合中小微企业的债券品种。加快推出优先股和资产支持证券。开展挂牌股票质押式回购业务试点。

三、坚持和完善主办券商制度和多元化交易机制

鼓励证券公司建立适应全国股转系统特点的证券业务体系，强化主办券商执业能力。证券公司开展全国股转系统业务，应设立专门的一级部门，加大人员和资金投入，建立健全合规管理、内部风险控制与管理机制。支持证券公司设立专业子公司统筹开展全国股转系统相关业务，不受同业竞争的限制。在推荐环节，主办券商应以提供挂牌、融资、并购、做市等全链条服务为目标遴选企业，按照切实保护投资者权益的要求，认真履行尽职调查及内核工作义务，审慎出具推荐文件。在持续督导环节，主办券商应持续加强挂牌公司合规培训，切实履行对信息披露文件的合规审查职责，帮助挂牌公司提升规范治理水平，完善发展战略，推进资源整合。在交易环节，主办券商应强化经纪业务和做市能力，充分发挥市场交易组织者和流动性提供者的功能。开展做市业务的主办券商应建立有别于自营业务的做市业务绩效考核体系，考核指标不得与做市业务人员从事做市股票的方向性投资损益挂钩。全国股转系统应完善做市商监管安排，优化风险隔离和信息隔离制度，促进做市业务与投研服务、经纪业务协同开展。建立健全主办券商激励约束机制。

控股股东为证券公司、具备相应业务能力和风险管理水平的区域性股权市场运营管理机构，可以开展全国股转系统的推荐业务试点，推荐挂牌公司的持续督导和做市服务等工作由控股股东承担。

全国股转系统应坚持并完善多元化交易机制，改革优化协议转让方式，大力发展做市转让方式，建立健全盘后大宗交易制度和非交易过户制度，改善市场流动性，提高价格发现效率。

四、实施全国股转系统内部分层和差异化管理

针对挂牌公司差异化特征和多元化需求，实施市场内部分层，提高风险管理和差异化服务能力，降低投资人信息收集成本。

现阶段先分为基础层和创新层，逐步完善市场层次结构。全国股转系统应坚

持市场化原则，研究制定分层具体标准，设置符合企业差异化特征的指标体系，满足不同类型企业的发展需求。建立内部分层的维持标准体系和转换机制，实现不同层级挂牌公司的有序流动。按照权利义务对等原则，在市场服务与监管要求方面，对不同层级挂牌公司实行差异化制度安排。

五、大力发展和培育机构投资者队伍

坚持全国股转系统以机构投资者为主体的发展方向。研究制定公募证券投资基金投资挂牌证券的指引，支持封闭式公募基金以及混合型公募基金投资全国股转系统挂牌证券。支持证券公司、基金管理公司及其子公司、期货公司子公司、商业银行等机构，开发投资于挂牌证券的私募证券投资基金等产品。研究落实合格境外机构投资者及人民币合格境外机构投资者参与全国股转系统市场的制度安排。推动将全国股转系统挂牌证券纳入保险资金、社保基金和企业年金等长期资金投资范围。

六、持续加强投资者权益保护工作

全国股转系统应严格执行投资者适当性管理制度，完善业务规则。落实主办券商投资者适当性管理责任，规范开户管理和产品销售行为，完善风险提示基本规范和纠纷调解制度。严格执行证券账户实名制规定，严禁开立虚拟证券账户、借用出借证券账户、垫资开户等行为。全国股转系统应督促挂牌公司按照《公司法》、《证券法》和《非上市公众公司监督管理办法》以及全国股转系统自律规则的规定，完善公司治理机制，提高信息披露质量，建立健全投资者关系管理制度，保障投资者参与权、知情权和异议股东合法权益。

七、加强市场监管

坚持以市场化、法治化为导向推进监管转型，坚持以信息披露为本，以公司自治和市场约束为基础，以规则监管为依据，构建职责明确、分工清晰、信息共享、协同高效的监管体系，切实维护市场公开、公平、公正。依法建立常态化、市场化的退出机制。行政监管机构、自律组织等相关各方应建立健全信息共享、监管协作、案件查处等分工协作机制及风险处置应急机制，提高监管的系统性和协同性。中国证监会负责制定监管规则，指导协调、监督检查各派出机构和全国股转系统的工作。各证监局要根据问题和涉嫌违法违规线索开展现场检查，对发现的重大风险或违法违规行为采取监管措施或立案调查，实施行政处罚；涉及自律管理范畴的问题，移交全国股转系统处理。全国股转系统应结合挂牌公司及其投资人特点，建立技术系统和规则体系，提高自律管理能力与效率。加大对挂牌公司规范运作的培训，对信息披露、股票发行违规以及违规占用挂牌公司资金、违规对外担保等行为，及时采取监管措施；对涉嫌欺诈、虚假披露、内幕交易、操纵市场等违法行为，依法严厉打击，确保有异动必有反应、有违规必有查处。

附录 3

全国中小企业股份转让系统主办券商名单

1. 爱建证券有限责任公司　　　　　　2. 安信证券股份有限公司

3. 渤海证券股份有限公司　　　　　　4. 长城证券有限责任公司

5. 长江证券股份有限公司　　　　　　6. 财富证券有限责任公司

7. 财通证券有限责任公司　　　　　　8. 大通证券股份有限公司

9. 第一创业证券股份有限公司　　　　10. 东北证券股份有限公司

11. 东方花旗证券有限公司（仅从事推荐业务）

12. 东方证券股份有限公司（仅从事经纪业务）

13. 东莞证券有限责任公司　　　　　　14. 东海证券有限责任公司

15. 东吴证券股份有限公司　　　　　　16. 东兴证券股份有限公司

17. 方正证券股份有限公司　　　　　　18. 光大证券股份有限公司

19. 广发证券股份有限公司　　　　　　20. 广州证券有限责任公司

21. 国都证券有限责任公司　　　　　　22. 国海证券股份有限公司

23. 国金证券股份有限公司　　　　　　24. 国联证券股份有限公司

25. 国盛证券有限责任公司　　　　　　26. 国泰君安证券股份有限公司

27. 国信证券股份有限公司　　　　　　28. 国元证券股份有限公司

29. 海通证券股份有限公司　　　　　　30. 恒泰证券股份有限公司

31. 红塔证券股份有限公司　　　　　　32. 宏源证券股份有限公司

33. 华安证券股份有限公司　　　　　　34. 华创证券有限责任公司

35. 华林证券有限责任公司　　　　　　36. 华龙证券有限责任公司

37. 华融证券股份有限公司
38. 华泰证券股份有限公司
39. 华西证券有限责任公司
40. 华鑫证券有限责任公司
41. 江海证券有限公司
42. 金元证券股份有限公司
43. 民生证券股份有限公司
44. 南京证券股份有限公司
45. 平安证券有限责任公司
46. 齐鲁证券有限公司
47. 山西证券股份有限公司
48. 上海证券有限责任公司
49. 申银万国证券股份有限公司
50. 世纪证券有限责任公司
51. 首创证券有限责任公司
52. 太平洋证券股份有限公司
53. 天风证券股份有限公司
54. 万联证券有限责任公司
55. 西部证券股份有限公司
56. 西南证券股份有限公司
57. 湘财证券有限责任公司
58. 新时代证券有限责任公司
59. 信达证券股份有限公司
60. 兴业证券股份有限公司
61. 招商证券股份有限公司
62. 浙商证券股份有限公司
63. 中国国际金融有限公司
64. 中国民族证券有限责任公司
65. 中国银河证券股份有限公司
66. 中国中投证券有限责任公司
67. 中航证券有限公司
68. 中山证券有限责任公司
69. 中信建投证券股份有限公司
70. 中信证券股份有限公司
71. 中银国际证券有限责任公司
72. 中原证券股份有限公司

注：

1. 未特别注明的主办券商可同时从事推荐业务和经纪业务。

2. 以上排名不分先后。